精品课程

普通高等教育高职高专会计专业精品课程建设规划教材

Cost Accounting and Management Training

成本核算与管理实训

彭彤丽　曾志平　主编

湖南大学出版社

内 容 简 介

本书为湖南大学出版社出版的《成本核算与管理》教材的配套实训教材。本书从“成本核算”这一具体的会计岗位职能要求出发，依据职业岗位工作任务组建了一系列行动化的实训项目，从简单到复杂，循序渐进、环环相扣，有效培养学生的实际操作能力。

本书既可以作为高职高专会计专业、管理类专业的实训教材，也可作为广大财会人员自学考试和职称考试参考资料。

图书在版编目（CIP）数据

成本核算与管理实训/彭彤丽，曾志平主编．—长沙：湖南大学出版社，2016.8

（普通高等教育高职高专会计专业精品课程建设规划教材）

ISBN 978-7-5667-1204-2

Ⅰ.①成…　Ⅱ.①彭…　②曾…　Ⅲ.①成本计算—高等职业教育—教材　Ⅳ.①F231.2

中国版本图书馆 CIP 数据核字（2016）第 208205 号

成本核算与管理实训

CHENGBEN HESUAN YU GUANLI SHIXUN

主　　编：彭彤丽　曾志平
责任编辑：陈建华　**责任校对：**全　健　**责任印制：**陈　燕
印　　装：衡阳顺地印务有限公司
开　　本：787×1092　16 开　**印张：**9.5　**字数：**226 千
版　　次：2016 年 8 月第 1 版　**印次：**2016 年 8 月第 1 次印刷
书　　号：ISBN 978-7-5667-1204-2
定　　价：23.00 元

出 版 人：雷　鸣
出版发行：湖南大学出版社
社　　址：湖南·长沙·岳麓山　　**邮　　编：**410082
电　　话：0731-88822559(发行部),88821327(编辑室),88821006(出版部)
传　　真：0731-88649312(发行部),88822264(总编室)
网　　址：http://www.hnupress.com
电子邮箱：presschenjh@hnu.edu.cn

前　言

成本核算是企业一项重要的会计工作。“成本核算与管理”是高职高专会计专业的必修课程，培养学生能够针对企业的不同情况熟练运用多种成本核算方法进行成本核算。该课程是以“做”为主体的课程，所有理论知识都应在技能训练过程中得以理解、掌握和检验。

本书为湖南大学出版社出版的《成本核算与管理》教材的配套实训教材。本书从“成本核算”这一具体的会计岗位职能要求出发，依据职业岗位工作任务组建了一系列行动化的实训项目，从简单到复杂，循序渐进，环环相扣，以达到学以致用的目的，有利于学生实际操作能力的培养。

本书既可以作为高职高专会计专业、管理类专业的教材，也可作为广大财会人员自学考试和职称考试参考资料。

本书由湖南工业职业技术学院彭彤丽、曾志平两位老师编写。由于编者才学浅疏，错漏之处在所难免，敬请广大读者多提宝贵意见！

编　者

2016 年 6 月

目　次

第一部分　品种法的运用

实训一　最简单情况下品种法的运用 …… 1
实训二　原材料按计划成本计价的材料费用核算 …… 6
实训三　月末产品全部未完工情况下的成本核算 …… 16
实训四　月末产品全部完工情况下的成本核算 …… 32
实训五　月末产品部分完工情况下的成本核算 …… 44

第二部分　分批法的运用

实训六　一般的分批法的运用 …… 82

第三部分　分步法的运用

实训七　两类三种分步法的运用 …… 87
实训八　综合结转分步法的运用 …… 96
实训九　平行结转分步法的运用 …… 100

第四部分　综合实训

实训十　品种法综合实训 …… 103
实训十一　综合结转分步法综合实训 …… 122
实训十二　平行结转分步法综合实训 …… 134

参考文献 …… 143

第一部分

品种法的运用

实训一　最简单情况下品种法的运用

【资料】华盛工厂有一个基本生产车间，大量大批生产B产品。2016年3月"生产成本——B产品"账户月初余额为69 000元（其中直接材料14 000元，直接人工35 000元，制造费用20 000元）。3月末B产品全部完工，共计2 000件。3月份与生产费用发生有关的原始凭证见表1至表6-2。

【要求】采用品种法进行成本核算。具体要求为：

1. 填制原始凭证（表5、表6-1和表6-2）。

2. 填制记账凭证（编制会计分录）；要求在"生产成本"、"库存商品"总账下设置明细账进行明细核算。

3. 登记"制造费用——基本生产车间"、"生产成本——甲产品"两个明细账（三种格式）。

表1　发出材料汇总表

分配对象	项目	金额
B产品	直接材料	36 000
基本生产车间	机物料消耗	5 000
合计		41 000

表2　职工薪酬分配表

分配对象	项目	金额
基本生产车间：B产品生产工人	直接人工	85 000
基本生产车间：管理人员	职工薪酬	32 000
合计		117 000

表 3　折旧费用计算表

分配对象	上月固定资产折旧额	上月增加固定资产折旧额	上月减少固定资产折旧额	本月固定资产折旧额
基本生产车间	13 000	2 000	1 000	14 000

表 4　办公费用汇总表

分配对象	项目和金额
基本生产车间	办公费 9 000

设办公费均以银行存款支付，其结算凭证从略。

表 5　制造费用分配表

分配对象	机物料消耗	职工薪酬	折旧费	办公费	合计
B产品					

表 6-1　产品成本计算单

产品名称：B产品　　　　2016 年 3 月 31 日

项 目	直接材料	直接人工	制造费用	合 计
月初在产品成本				
本月发生生产费用				
生产费用合计				
完工产品总成本				
月末在产品成本				
完工产品单位成本				

表 6-2　产品入库单

2016 年 3 月 31 日　　　　编号：4520878

车间：基本生产车间　　　　仓库：产品成品库

产品名称	规格	单位	数量	单位成本	金额								
					百	十	万	千	百	十	元	角	分
B产品													
合　计													

验收：　　保管员：　　车间：　　记账：

第二联　会计部门记账

我是华盛工厂的成本核算人员______，本厂2016年3月B产品的成本核算结果如下：

1. 根据表1，分配材料费用

借：生产成本——B产品（直接材料）

制造费用（机物料消耗）

贷：原材料

2. 根据表2，分配职工薪酬

借：生产成本——B产品（直接人工）

制造费用（职工薪酬）

贷：

3. 根据表3，计提折旧费

借：制造费用（折旧费）

贷：

4. 根据表4，支付办公费

借：制造费用（办公费）

贷：

5. 根据表5，结转制造费用

借：生产成本——B产品（制造费用）

贷：制造费用（月末结转）

6. 根据表6-1和6-2，结转完工产品成本

借：

贷：

即：本月以前投产、本月全部完工的2 000件B产品的总成本是__________元，单位成本是__________元/件（其中直接材料为__________元/件，直接人工为__________元/件，制造费用为__________元/件）。

制造费用——基本生产车间	
1. 2. 3. 4.	5.
本期发生额 期末余额	本期发生额

生产成本——B产品	
月初余额 1. 2. 5.	6.
本期发生额 期末余额	本期发生额

表 7 制造费用明细账

车间：基本生产车间　　　　单位：元

年		凭证字号	摘要	合计	（　　）方金额分析			
月	日				机物料消耗	职工薪酬	折旧费	办公费
		1	分配材料费用					
		2						
		3						
		4						
			合计					
		5						

表 8 基本生产成本明细账

产品名称：B产品　　　　单位：元

年		凭证字号	摘要	合计	（　　）方金额分析			
月	日				直接材料	直接人工	制造费用	
			月初余额					
		1						
		2						
		5						
			合计					
		6						

表 9　制造费用明细账

车间：基本生产车间　　　　　　　　　　　　　　　　　　　　　　　单位：元

年		凭证字号	摘要	合计	（　　）方金额分析				月末结转
月	日				机物料消耗	职工薪酬	折旧费	办公费	
		1	分配材料费用						
		2							
		3							
		4							
		5							

表 10　基本生产成本明细账

产品名称：B 产品　　　　　　　　　　　　　　　　　　　　　　　单位：元

年		凭证字号	摘要	合计	（　　）方金额分析				产品成本结转
月	日				直接材料	直接人工	制造费用		
			月初余额						
		1							
		2							
		5							
		6							

注：账户中时间省略，并简略以经济业务序号代替凭证字号，即 1、2、3、4、5、6。

实训二　原材料按计划成本计价的材料费用核算

【资料】红星机械厂设有一个基本生产车间，大量生产甲、乙两种产品。另有供电、供水两个辅助生产车间，为基本生产和其他部门提供服务。原材料按计划成本核算。A材料是生产甲、乙产品的原料及主要材料，B材料是辅助材料。2015年8月“原材料”及其明细账的月初余额、“材料成本差异”及其明细账的月初余额见表1。本月与原材料相关的经济业务见原始凭证。

表1　账户余额表

2015年7月31日　　　　单位：元

总账科目	明细科目	计量单位	数量	单价	借方余额	贷方金额
原材料					70 000.00	
	A材料	kg	20 000	2.00	40 000.00	
	B材料	kg	6 000	5.00	30 000.00	
材料成本差异					600.00	
	A材料				1 200.00	
	B材料					600.00

【要求】进行2015年8月原材料收、发、存的相关核算，最终“结转发出原材料的实际成本”。

【具体要求】填制和审核原始凭证、填制记账凭证、登记原材料明细账。

【补充】因为“实际成本 ＝ 计划成本 ± 成本差异”，所以“结转发出原材料的实际成本”也可由两个步骤完成：

（1）结转发出原材料的计划成本

借：生产成本——甲产品
　　生产成本——乙产品
　　生产成本——供电
　　生产成本——供水
　　制造费用
　　管理费用
　贷：原材料——原料及主要材料
　　　　　　——辅助材料

（2）结转发出原材料的成本差异

借：生产成本——甲产品
　　生产成本——乙产品
　　生产成本——供电
　　生产成本——供水
　　制造费用
　　管理费用
　贷：材料成本差异——原料及主要材料
　　　　　　　　　——辅助材料

【具体要求一】填制和审核原始凭证：

1-1

领料单

领料部门：生产车间　　2015 年 8 月 8 日　　领料用途：生产甲产品

材料编码	材料名称	单位	请领数量	实领数量	计划单价	金额						
						十	万	千	百	十	元	角
	A 材料	kg	3 000	3 000								
附件：		张		合　　计								

会计：张青　　复核：黄超　　发货：王忠　　制单：黄超

第二联：交会计部门

1-2

领料单

领料部门：生产车间　　2015 年 8 月 8 日　　领料用途：生产乙产品

材料编码	材料名称	单位	请领数量	实领数量	计划单价	金额						
						十	万	千	百	十	元	角
	A 材料	kg	5 000	5 000								
附件：		张		合　　计								

会计：张青　　复核：黄超　　发货：王忠　　制单：黄超

第二联：交会计部门

1-3

领料单

领料部门：供电车间　　2015 年 8 月 8 日　　领料用途：生产

材料编码	材料名称	单位	请领数量	实领数量	计划单价	金额						
						十	万	千	百	十	元	角
	B 材料	kg	1 640	1 640								
附件：		张		合　　计								

会计：张青　　复核：黄超　　发货：王忠　　制单：黄超

第二联：交会计部门

2-1

湖南增值税专用发票

4301092372　　　　发票联　　　　№09236174

开票日期：2015 年 08 月 21 日

购货单位	名　　称：红星机械厂 纳税人识别号：430104712261524 地 址、电 话：长沙市三一路 28 号 0731－82625670 开户行及账号：工行星沙支行 9012025472973826			密码区	2489－1<9－7－61596284 8<032/52>9/29533－4974 1626<8－3024>82906－2 －47－6<7>2*－/>*>6/		加密版本：01 4301092372 09236174
货物或应税劳务名称	规格型号	单位	数量	单　价	金　额	税率	税　额
A 材料		kg	30000	2.06	61 800.00	17%	10 506.00
合　　计					¥61 800.00		¥10 506.00
价税合计（大写）	柒万贰仟叁佰零陆元整				（小写）¥72 306.00		
销货单位	名　　称：马王堆建材超市 纳税人识别号：420101021318405 地 址、电 话：长沙万家丽路 110 号 0731-8553182 开户行及账号：工行马王堆支行 9026723145351126			备注			

收款人：　　复核：　　开票人：李曙　　销货单位：（章）

第二联　抵扣联　购货方抵扣凭证

2-2

湖南增值税专用发票

4301092372　　　　发票联　　　　№09236174

开票日期：2015 年 08 月 21 日

购货单位	名　　称：红星机械厂 纳税人识别号：430104712261524 地 址、电 话：长沙市三一路 28 号 0731－82625670 开户行及账号：工行星沙支行 9012025472973826			密码区	2489－1<9－7－61596284 8<032/52>9/29533－4974 1626<8－3024>82906－2 －47－6<7>2*－/>*>6/		加密版本：01 4301092372 09236174
货物或应税劳务名称	规格型号	单位	数量	单　价	金　额	税率	税　额
A 材料		kg	30000	2.06	61 800.00	17%	10 506.00
合　　计					¥61 800.00		¥10 506.00
价税合计（大写）	柒万贰仟叁佰零陆元整				（小写）¥72 306.00		
销货单位	名　　称：马王堆建材超市 纳税人识别号：420101021318405 地 址、电 话：长沙万家丽路 110 号 0731-8553182 开户行及账号：工行马王堆支行 9026723145351126			备注			

收款人：　　复核：　　开票人：李曙　　销货单位：（章）

第三联：发票联　购货方记账凭证

2-3

收料单

供应单位：马王堆建材超市　　编号：1068

发票号码：092372　　2015 年 08 月 21 日　　仓库：一仓库

规格	材料名称	编号	数量		实际价格（元）													
			应收	实收	单位	单价	发票金额	运杂费	合计									
									千	百	十	万	千	百	十	元	角	分
	A 材料	1101	30 000	30 000	kg													
合计																		

第二联：会计部门

会计：张青　　采购：王涛　　复核：黄超　　验收：李宁　　制单：黄超

3-1

领料单

领料部门：生产车间　　2015 年 8 月 25 日　　领料用途：生产甲、乙产品

材料编码	材料名称	单位	请领数量	实领数量	计划单价	金额							
						十	万	千	百	十	元	角	分
	A 材料	kg	19 250	19 250									
附件：			张	合计									

第二联：交会计部门

会计：张青　　复核：黄超　　发货：王忠　　制单：黄超

3-2

领料单

领料部门：生产车间　　2015 年 8 月 25 日　　领料用途：生产甲产品

材料编码	材料名称	单位	请领数量	实领数量	计划单价	金额							
						十	万	千	百	十	元	角	分
	A 材料	kg	7 000	7 000									
附件：			张	合计									

第二联：交会计部门

会计：张青　　复核：黄超　　发货：王忠　　制单：黄超

4-1

领料单

领料部门：供水车间　　　　2015 年 8 月 27 日　　　　领料用途：生产

材料编码	材料名称	单位	请领数量	实领数量	计划单价	金额							
						十	万	千	百	十	元	角	分
	B 材料	kg	1 500	1 500									
附件：			张	合计									

第二联：交会计部门

会计：张青　　　　复核：黄超　　　　发货：王忠　　　　制单：黄超

4-2

领料单

领料部门：生产车间　　　　2015 年 8 月 27 日　　　　领料用途：机物料消耗

材料编码	材料名称	单位	请领数量	实领数量	计划单价	金额							
						十	万	千	百	十	元	角	分
	B 材料	kg	680	680									
附件：			张	合计									

第二联：交会计部门

会计：张青　　　　复核：黄超　　　　发货：王忠　　　　制单：黄超

4-3

领料单

领料部门：行政管理部门　　　　2015 年 8 月 27 日　　　　领料用途：管理

材料编码	材料名称	单位	请领数量	实领数量	计划单价	金额							
						十	万	千	百	十	元	角	分
	B 材料	kg	480	480									
附件：			张	合计									

第二联：交会计部门

会计：张青　　　　复核：黄超　　　　发货：王忠　　　　制单：黄超

5-1

耗用材料汇总表

2015 年 8 月

用料对象		原料及主要材料（差异率　　）			辅助材料（差异率　　）		
		计划成本	差异额	实际成本	计划成本	差异额	实际成本
基本生产车间	甲产品	?					
	乙产品						
	甲乙产品						
基本生产车间	机物料消耗						
辅助生产车间	供电车间						
	供水车间						
行政管理部门	修理						
合计							

? 处请写明计算过程和结果，其他空白处的计算过程见后，此处只写结果。

从 5-1 中可得出，红星机械厂本月耗用原材料的实际总成本＝______＋______＝______

5-2

材料费用分配表

2015 年 8 月

应借账户		成本或费用项目	直接计入	分配计入			合计
				定额耗用量（千克）	分配率	分配金额	
生产成本——基本生产成本	甲产品	直接材料		46 760			
	乙产品	直接材料		20 000			
	小计			66 760			
生产成本——辅助生产成本	供电	材料费					
	供水	材料费					
	小计						
制造费用		机物料消耗					
管理费用		修理用料					
合计							

5-1 耗用材料汇总表中各项目的计算：

$$A材料成本差异率=\frac{月初结存材料成本差异+本月收入材料成本差异}{月初结存材料计划成本+本月收入材料计划成本}\times 100\%$$

=

=

基本生产车间为生产甲产品发出 A 材料应负担的成本差异

＝发出 A 材料的计划成本×A 材料成本差异率

＝

＝

基本生产车间为生产甲产品发出 A 材料的实际成本

＝发出 A 材料的计划成本±发出 A 材料应负担的成本差异

＝

＝

基本生产车间为生产乙产品发出 A 材料应负担的成本差异

＝发出材料的计划成本×A 材料成本差异率

＝

＝

基本生产车间为生产乙产品发出 A 材料的实际成本

＝发出 A 材料的计划成本±发出 A 材料应负担的成本差异

＝

＝

基本生产车间为共同生产甲、乙产品发出 A 材料应负担的成本差异

＝发出 A 材料的计划成本×A 材料成本差异率

＝

＝

基本生产车间为共同生产甲、乙产品发出 A 材料的实际成本

＝发出 A 材料的计划成本±发出 A 材料应负担的成本差异

＝

＝

结存A材料的实际成本＝结存A材料的计划成本±结存A材料应负担的成本差异

或＝（月初结存A材料的计划成本＋本月收入A材料计划成本）

±（月初结存A材料成本差异＋本月收入A材料成本差异）－发出A材料的实际成本

＝

＝

B材料成本差异率＝$\frac{\text{月初结存材料成本差异＋本月收入材料成本差异}}{\text{月初结存材料计划成本＋本月收入材料计划成本}}$×100%

＝

＝

基本生产车间机物料消耗发出B材料应负担的成本差异

＝发出B材料的计划成本×B材料成本差异率

＝

＝

基本生产车间机物料消耗发出B材料的实际成本

＝发出B材料的计划成本±发出B材料应负担的成本差异

＝

＝

供电车间发出B材料应负担的成本差异

＝发出B材料的计划成本×B材料成本差异率

＝

＝

供电车间发出B材料的实际成本

＝发出B材料的计划成本±发出B材料应负担的成本差异

＝

＝

供水车间发出B材料应负担的成本差异

＝发出B材料的计划成本×B材料成本差异率

＝

＝

供水车间发出B材料的实际成本
＝发出B材料的计划成本±发出B材料应负担的成本差异
＝
＝

行政管理部门发出B材料应负担的成本差异
＝发出B材料的计划成本×B材料成本差异率
＝
＝

行政管理部门发出B材料的实际成本
＝发出B材料的计划成本±发出B材料应负担的成本差异
＝
＝

结存B材料的实际成本＝结存B材料的计划成本±结存B材料应负担的成本差异
或＝（月初结存B材料的计划成本＋本月收入B材料计划成本）
±（月初结存B材料成本差异＋本月收入B材料成本差异）－发出B材料的实际成本
＝
＝

【具体要求二】填制记账凭证：

序号	时间	摘要	分录	附件（原始凭证）	
				张数	具体编号
1	8月21日	采购原材料			
2	8月21日	材料验收入库			
3	8月31日	结转发出原材料的实际成本			

【具体要求三】登记原材料明细账：

原材料明细账

材料名称：A材料　　　　计划单位成本：　　　　计量单位：

年		凭证		摘要	收入数量	发出数量	结存	
月	日	字	号				数量	金额

原材料明细账

材料名称：B材料　　　　计划单位成本：　　　　计量单位：

年		凭证		摘要	收入数量	发出数量	结存	
月	日	字	号				数量	金额

实训三　月末产品全部未完工情况下的成本核算

一、注意事项

1. 填制会计凭证时，根据资料给定的人员名单在相应的位置签章；

2. 以制单员身份整理装订会计凭证并填写会计凭证封面；

3. 实训结束后，注意用具摆放整齐，保持桌面及周围环境的整洁。

二、实训要求

（一）体现良好的职业素养

1. 会计书写规范；

2. 会计档案卷面保持整洁，任务完成后，整齐摆放操作工具及凳子、工作台面整洁。

（二）填制记账凭证

根据本月提供的 16 笔业务资料填制记账凭证，应收账款、应付账款、应交税费、生产成本、原材料和库存商品均要求写三级明细科目；以制单员身份整理装订会计凭证并填写会计凭证封面。

（三）登记账簿

（四）编制会计报表

三、实训资料

（一）公司的基本情况

长沙明华家具厂是一家主要生产课桌椅的制造企业，公司法定代表人为杨平，单位地址：湖南省长沙市三一路 28 号，公司电话：0731－82625670。公司的纳税人识别号：430104712261524，开户行：工商银行星沙支行，账号：9012025472973826。该企业是增值税一般纳税人，生产的原料和产品适用的税率均为 17％。该公司的会计核算采用记账凭证账务处理程序，存货采用实际成本计价核算，发出存货的成本采用先进先出法计算确定。

公司的会计主管陈娟，记账员黄灵，审核杨任，记账凭证制单员李芳，出纳贺艳。

（二）2015 年 2 月长沙明华家具厂有关账户的期末余额（见下表）。

账户余额表

2015 年 2 月 28 日　　　　单位：元

总账科目	明细科目	计量单位	数量	单价	借方余额	贷方金额
库存现金					4 880.00	
银行存款					378 752.00	
其他货币资金	存出投资款				1 300.00	
交易性金融资产	成本				123 280.00	
应收账款					613 200.00	
	民政学院				86 000.00	
	中南大学				144 000.00	
	华美家具批发部				383 200.00	
其他应收款					18 500.00	
原材料					206 480.00	
	大芯板	块	1100	66.80	73 480.00	
	装饰板	块	2 600	42.50	110 500.00	
	乳胶	桶	180	125.00	22 500.00	
生产成本					34 853.00	
	课桌				13 400.00	
	椅子				21 453.00	
库存商品					2 517 000.00	
	课桌	张	15 360	75.00	1 152 000.00	
	椅子	张	27 300	50.00	1 365 000.00	
固定资产					3 794 085.00	
无形资产					2 000 000.00	
累计折旧						584 000.00
短期借款						600 000.00
应付账款						1 153 300.00
	马王堆建材超市					385 300.00
	湘江油漆公司					112 000.00
	红星木材批发部					656 000.00
应付职工薪酬						303 000.00
实收资本						5 973 280.00
盈余公积						381 000.00
本年利润						314 850.00
利润分配	未分配利润					382 900.00
合　计					9 692 330.00	9 692 330.00

（三）长沙明华家具厂 2015 年 3 月的经济业务

1-1

关于召开 2015 年全省家具行业财务统计会议通知

长沙明华家具厂：

经湖南省家具行业协会研究决定，定于 2015 年 3 月 8—11 日为期三天在岳阳市大华宾馆召开我省家具行业财务统计与调研工作会议。望贵单位派一名从事财务统计工作的人员准时参加。食宿及交通费自理。

湖南省家具行业协会

二〇一五年三月一日

派财务部杨任参加此次会议，批准借支 2 500.00 元。

总经理　杨　平

2015. 3. 5

1-2

借支单

2015 年 3 月 5 日

姓　　名	杨任	工作部门	财务部	职　　务	财务统计
借款原因	参加调研工作会议		部门主管审批意见	同意　杨平　2015. 3. 5	
借支金额	（大写）人民币贰仟伍佰元整			¥2500.00	
备　　注			现金付讫		

会计主管：陈娟　　　　出纳：贺艳　　　　借款人：杨任

2-1

中国工商银行 转账支票存根 (湘)	
支票号码 Ⅵ Ⅱ 03259713	
附加信息	
出票日期 2015 年 3 月 05 日	
收款人：	长沙明华家具厂工资户
金　额：	￥280 000.00
用　途：	发工资
备　注：	
单位主管 陈娟　会计 黄灵	
复　核　　记　账	

2-2

银行 进账单 (回单或收账通知) 2015 年 03 月 05 日 3											
收款人	全　称	长沙明华家具厂工资户									
	账　号	9012025472974569									
	开户银行	长沙银行湘银支行									
人民币		百	十	万	千	百	十	元	角	分	
		￥	2	8	0	0	0	0	0	0	
付款人	全　称	长沙明华家具厂工资户									
	账　号	9012025472973826									
	开户银行	长沙银行湘银支行									
款项来源	工资款										
备注											

工商银行 星沙支行 03.05 转讫

2-3

长沙明华家具厂工资发放表

所属期间：2015 年 02 月　　　　发放日期：3 月 5 日

编　号	姓　名	银行账号	工资实发数
001	杨 平	……	3 800.00
002	陈 娟	……	2 600.00
003	……	……	……
……	……	……	……
……	……	……	……
合　计			280 000.00

会计主管：陈娟　　　记账：黄灵　　　复核：杨任　　　制单：贺艳

3

银行　进账单

（回单或收账通知）

2015 年 03 月 08 日　**3**

收款人	全　称	长沙明华家具厂									
	账　号	9012025472973826									
	开户银行	工商银行星沙支行									
人民币		千	百	十	万	千	百	十	元	角	分
			¥	3	0	0	0	0	0	0	0
付款人	全　称	长沙华美家具批发部									
	账　号	9012011320[illegible]28									
	开户银行	工商银行麓山支行									
款项来源		前欠货款									

工商银行 星沙支行 03.08 转讫

4

中国工商银行 现金支票存根（湘）	
支票号码 ⅥⅡ03467931	
附加信息	
出票日期 2015年3月10日	
收款人：	长沙明华家具厂
金 额：	¥4 000.00
用 途：	备用金
备 注：	
单位主管 陈娟 会计 黄灵	
复 核 记 账	

5-1

湖南增值税专用发票

4301092372 发票联 №09236174

开票日期：2015年3月11日

购货单位	名称：长沙明华家具厂 纳税人识别号：430104712261524 地址、电话：长沙市三一路28号 0731－82625670 开户行及账号：工行星沙支行 9012025472973826			密码区	2489－1<9－7－61596284 8<032/52>9/29533－4974 1626<8－3024>82906－2 －47－6<7>2*－/>*>6/		加密版本：01 4301092372 09236174
货物或应税劳务名称	规格型号	单位	数量	单价	金额	税率	税额
大芯板		块	600	60.00	36 000.00	17%	6 120.00
装饰板		块	1 400	40.00	56 000.00	17%	9 520.00
合计					¥92 000.00		¥15 640.00
价税合计（大写）	壹拾万零柒仟陆佰肆拾元整				（小写）¥107 640.00		
销货单位	名称：马王堆建材超市 纳税人识别号：420101021318405 地址、电话：长沙万家丽路110号 0731-8553182 开户行及账号：工行马王堆支行 9026723145351126			备注			

收款人： 复核： 开票人：李曙 销货单位：（章）

第三联：发票联 购货方记账凭证

5-2

湖南增值税专用发票

4301092372 №09236174

国家统一发票监制章 湖南 国家税务总局监制

开票日期：2015 年 3 月 11 日

购货单位	名　　称：长沙明华家具厂 纳税人识别号：430104712261524 地 址、电 话：长沙市三一路 28 号 0731－82625670 开户行及账号：工行星沙支行 9012025472973826	密码区	2489－1<9－7－61596284 8<032/52>9/29533－4974 1626<8－3024>82906－2 －47－6<7>2*－/>*>6/
			加密版本：01 4301092372 09236174

货物或应税劳务名称	规格型号	单位	数量	单　价	金　额	税率	税　额
大芯板		块	600	60.00	36 000.00	17%	6 120.00
装饰板		块	1 400	40.00	56 000.00	17%	9 520.00
合　　计					¥92 000.00		¥15 640.00
价税合计（大写）	壹拾万零柒仟陆佰肆拾元整				（小写）¥107 640.00		

销货单位	名　　称：马王堆建材超市 纳税人识别号：420101021318405 地 址、电 话：长沙万家丽路 110 号 0731-8553182 开户行及账号：工行马王堆支行 9026723145351126	备注	马王堆建材超市 420101021318405 发票专用章

收款人：　　复核：　　开票人：李曙　　销货单位：（章）

第二联 抵扣联 购货方抵扣凭证

5-3

长沙明华家具厂收料单

供应单位：马王堆建材超市　　编号：1068

发票号码：092372　　2015 年 3 月 11 日　　仓库：一仓库

规格	材料名称	编号	数量 应收	数量 实收	实际价格（元） 单位	单价	发票金额	运杂费	合计 千	百	十	万	千	百	十	元	角	分
	大芯板	1101	600	600	块													
	装饰板	1102	1 400	1 400	块													
		合　计																

会计：李芳　　采购：王涛　　复核：张华　　验收：李宁　　制单：张华

第二联：会计部门

6-1

长沙明华家具厂送货单

购货单位：华美家具批发部　　　　2015 年 3 月 12 日　　　　编号：079

名称用规格	单位	数量	销售单价	总售价（不含税）	备注
课　桌	张	4 500	120.00	540 000.00	单位地址：长沙市玉兰路 58 号，电话 0731-85551015；开户行及账号：工商银行麓山支行 9012011320342866，纳税人识别号：430104268896354。
椅　子	张	5 000	80.00	400 000.00	
合　　计				940 000.00	

业务员：李立　　会计：李芳　　复核：张华　　发货：李宁　　制单：张华

6-2

湖南增值税专用发票

4301094342　　　　No 09433542

此联不作报销、扣税凭证使用　　开票日期：　年　月　日

购货单位	名　　称：华美家具批发部 纳税人识别号：430104268896354 地 址 、电 话：长沙市玉兰路 58 号 0731—85551015 开户行及账号：工商银行麓山支行 9012011320342866	密码区	2489—19—7—61596284< 03>2/59/2<9533>—497416 <26>8—302<482>906—2
		加密版本：01 4301094342 09433542	

货物或应税劳务名称	计量单位	数 量	单 价	金 额	税率	税额
课　桌	张	4 500	120.00	540 000.00	17%	91 800.00
椅　子	张	5 000	80.00	400 000.00	17%	68 000.00
总　　计						
价税合计（大写）	壹佰零玖万玖仟捌佰元整			（小写）¥1 099 800.00		

销货单位	名　　称：长沙华明家具厂 纳税人识别号：430104712261524 地 址 、电 话：长沙市三一路 28 号 0731—82625670 开户行及账号：工行星沙支行 9012025472973826	备注

收款人：　　复核：　　开票人：李曙　　销货单位：（章）

第三联：发票联　购货方记账凭证

7

长沙明华家具厂产品销售成本计算表

2015 年 3 月 12 日　　　　单位：元

产品名称	计量单位	销售数量	单位成本	总成本
课　桌	张			
椅　子	张			
合　　计				

会计主管：陈娟　　会计：黄灵　　复核：黄灵　　制单：杨任

8

长沙明华家具厂领料单

编号：1258

领料部门：生产车间　　2015 年 3 月 15 日　　领料用途：生产课桌

材料编码	材料名称	单位	请领数量	实领数量	实际单价	金额							
						十	万	千	百	十	元	角	分
	大芯板	块	700	700									
	乳　胶	桶	11	11									
附件：		张	合　　计										

第二联：交会计部门

会计：李芳　　复核：张华　　发料：李宁　　制单：张华

9-1

差旅费报销单

单位名称：行政部　　填报日期：2015 年 3 月 20 日　　单位：元

姓名		刘强	职务	办事员		出差事由		会议	出差时间	实际 7 天	
日期		起止地点		飞机、车、船票		其　他　费　用					
月	日	起	止	类别	金额	项　目			标准	计算天数	核报金额
2	27	哈尔滨市	大连市	火车	110	住宿费	包干报销		40	7	280
3	5	大连市	哈尔滨市	火车	110		限额报销				
						伙食补助费					
						车、船补助费					
						其他杂支					
小　　计					220	小　　计					280
总计金额（大写）		零仟伍佰零拾零元零角零分					预支 800.00 核销 500.00 退补 300.00				

主管：陈娟　　审核：杨任　　出纳：贺艳　　填报人：刘强

9-2

收款收据

年 月 日　　　　　　　　第 号

今收到：________________

人民币合计（大写）：________________ ¥________________

系付：

单位印章　　　　会计主管　　　　出纳　　　　经手人

10

长沙明华家具厂领料单

编号：1259

领料部门：生产车间　　　　2015 年 3 月 18 日　　　　领料用途：生产椅子

材料编码	材料名称	单位	请领数量	实领数量	实际单价	金额							
						十	万	千	百	十	元	角	分
	大芯板	块	800	800									
	乳　胶	桶	9	9									
附件：			张	合　计									

第二联：交会计部门

会计：李芳　　　　复核：张华　　　　发料：李宁　　　　制单：张华

11

长沙明华家具厂工资分配汇总表

2015 年 3 月 31 日

部　门	生产工时	应发工资数
生产工人工资		155 000.00
生产课桌的生产工人工资	2 600	
生产椅子的生产工人工资	2 400	
车间管理人员工资		5 000.00
行政管理人员工资		40 000.00
销售人员工资		84 000.00
合　计		284 000.00

单位主管：陈娟　　　　会计：黄灵　　　　复核：杨任　　　　制单：贺艳

12

固定资产折旧计算汇总表

2015 年 3 月 31 日　　单位：元

部　　门	月折旧额
生产车间	45 000.00
行政管理部门	10 000.00
销售部门	21 000.00
合　　计	76 000.00

会计主管：陈娟　　会计：黄灵　　复核：黄灵　　制单：杨任

13

无形资产价值摊销表

2015 年 3 月 31 日　　单位：元

名称	原值	摊销年限	月摊销额
无形资产			20 000
合计			20 000

会计主管：陈娟　　会计：黄灵　　复核：黄灵　　制单：杨任

14

长沙明华家具厂制造费用分配表

2015 年 3 月 31 日　　单位：元

分配对象	分配标准（工时）	分配率	分配金额
课　桌	2 600		
椅　子	2 400		
合　计	5 000		

会计主管：陈娟　　会计：黄灵　　复核：黄灵　　制单：杨任

15

贷款利息计算表

2015 年 3 月 31 日　　单位：元

贷款项目	贷款期限	本金	年利率	月利息
流动资金借款	6 个月	600 000	5%	2 500
合计				2 500

会计主管：陈娟　　会计：黄灵　　复核：黄灵　　制单：杨任

16. 结转本月损益类账户。

答案（一）填制记账凭证：

课桌投产情况：本月以前投产；　　　课桌完工情况：本月月末全部未完工。

椅子投产情况：　　　　　　　　　　椅子完工情况：

题号	会计分录	附件
1. 预支差旅费		2张
2. 发放工资		
3. 收回前欠货款		
4. 提取备用		
5. 采购材料		
6. 销售课桌和椅子		
7. 结转销售成本	存货（库存商品）按实际成本计价，发出存货采用先进先出法，可随时结转发出存货成本。	
8. 领用原材料	存货（原材料）按实际成本计价，发出存货采用先进先出法，可随时结转发出存货成本。 借：生产成本——课桌（直接材料）700×　　+11×　　= 　　贷：原材料——大芯板 700×　　= 　　　　　　　——乳胶　11×　　=	
9. 报销差旅费		

续表

题号	会计分录	附件
10. 领用原材料	存货（原材料）按实际成本计价，发出存货采用先进先出法，可随时结转发出存货成本。 借：生产成本——椅子（直接材料）（400×　+400×　）+9×　= 　　贷：原材料——大芯板 400×　　+400×　　= 　　　　　　　——乳胶　　9×　　=	
11. 分配工资	借：生产成本——课桌（直接人工） 　　　　　　——椅子（直接人工） 　　制造费用 　　管理费用 　　销售费用 　　贷：应付职工薪酬——工资	
12. 计提折旧	借：制造费用 　　管理费用 　　销售费用 　　贷：累计折旧	
13. 摊销无形资产		
14. 分配制造费用	借：生产成本——课桌（制造费用） 　　　　　　——椅子（制造费用） 　　贷：制造费用	
15. 计算贷款利息		
16. 结转损益		

答案（二）登记账簿：

库存现金

银行存款

其他货币资金

答案（三）编制报表：

资产负债表

会企 01 表

编制单位：　　　　　　　　　　　　年　月　日　　　　　　　　　　　　单位：元

资　产	期末余额	年初余额	负债和所有者权益（或股东权益）	期末余额	年初余额
流动资产：			流动负债：		
货币资金			短期借款		
交易性金融资产			交易性金融负债		
应收票据			应付票据		
应收账款			应付账款		
预付款项			预收款项		
应收利息			应付职工薪酬		
应收股利			应交税费		
其他应收款			应付利息		
存货			应付股利		
一年内到期的非流动资产			其他应付款		
其他流动资产			一年内到期的非流动负债		
流动资产合计			其他流动负债		
非流动资产：			流动负债合计		
可供出售金融资产			非流动负债：		
持有至到期投资			长期借款		
长期应收款			应付债券		
长期股权投资			长期应付款		
投资性房地产			专项应付款		
固定资产			预计负债		
在建工程			递延所得税负债		
工程物资			其他非流动负债		
固定资产清理			非流动负债合计		
生产性生物资产			负债合计		
油气资产					
无形资产			所有者权益（或股东权益）：		
开发支出			实收资本（或股本）		
商誉			资本公积		
长期待摊费用			减：库存股		
递延所得税资产			盈余公积		
其他非流动资产			未分配利润		
非流动资产合计			所有者权益（或股东权益）合计		
资产总计			负债及所有者权益（或股东权益）总计		

利润表

会企 02 表

编制单位： 年 月 单位：元

项目	本期金额	上期金额
一、营业收入		略
减：营业成本		
营业税金及附加		
销售费用		
管理费用		
财务费用		
资产减值损失		
加：公允价值变动收益（损失以“一”填列）		
投资收益（损失以“一”号填列）		
其中：对联营企业和合营企业的投资收益		
二、营业利润（亏损以“一”号填列）		
加：营业外收入		
减：营业外支出		
其中：非流动资产处置损失		
三、利润总额（亏损总额以“一”号填列）		
减：所得税费用		
四、净利润（净亏损以“一”号填列）		
五、每股收益	略	
（一）基本每股收益		
（二）稀释每股收益		

实训四　月末产品全部完工情况下的成本核算

一、公司基本情况

长沙明华家具厂是一家主要生产课桌椅的制造企业。公司法定代表人为杨平，单位地址：湖南省长沙市三一路28号，公司电话：0731－82625670。公司的纳税人识别号：430104712261524，开户行：工商银行星沙支行，账号：9012025472973826。该企业是增值税一般纳税人，生产的原料和产品适用的税率均为17%。该公司的会计核算采用记账凭证账务处理程序，存货采用实际成本计价核算，发出原材料的成本采用加权平均法计算确定，发出库存商品采用先进先出法。本月课桌全部完工1400张。基本生产车间生产工人工资和制造费用均按两种产品的生产工时分配，两种产品的生产工时分别为5 000小时和4 375小时。公司的会计主管陈娟，记账员黄灵，审核杨任，记账凭证制单员李芳，出纳贺艳。计算过程中，分配率保留4位小数，分配结果保留整数。

该厂另设有供电、供水两个辅助生产车间为基本生产和其他部门提供服务，其制造费用直接计入辅助生产成本，采用直接分配法分配其费用。

企业计算产品成本的方法为品种法，设置成本项目三个：直接材料、直接人工、制造费用。

二、2015年2月长沙明华家具厂有关账户的期末余额（见下表）

账户余额表

2015年2月28日　　　　单位：元

总账科目	明细科目	计量单位	数量	单价	借方余额	贷方金额
原材料					259 500.00	
	大芯板	块	1 500	51.00	76 500.00	
	装饰板	块	2 600	42.50	110 500.00	
	乳胶	桶	580	125.00	72 500.00	
生产成本					61 032.50	
	课桌				30 525.00	
	椅子				30 507.50	
库存商品					2 517 000.00	
	课桌	张	15 360	75.00	1 152 000.00	
	椅子	张	27 300	50.00	1 365 000.00	

“生产成本——课桌”月初余额包括料 4 825 元，工 9 500 元，费 16 200 元。

“生产成本——椅子”月初余额包括料 15 820 元，工 9 547.50 元，费 5 140 元。

【实训要求】请运用品种法进行相关成本核算，完成下列要求。

【具体要求一】填制下列原始凭证：

注意：原始凭证中“?”处请在表中写明计算过程和结果，其他可只写结果。

1-1 **长沙明华家具厂领料单** 编号：1258

领料部门：基本生产车间 2015 年 03 月 05 日 领料用途：机物料消耗

材料编码	材料名称	单位	请领数量	实领数量	实际单价	金额							
						十	万	千	百	十	元	角	分
	乳　胶	桶	26	26									
附件：			张	合　　计									

第二联：交会计部门

会计：黄灵 复核：杨任 发料：李宁 制单：张华

1-2 **长沙明华家具厂领料单** 编号：1259

领料部门：基本生产车间 2015 年 3 月 05 日 领料用途：生产课桌

材料编码	材料名称	单位	请领数量	实领数量	实际单价	金额							
						十	万	千	百	十	元	角	分
	大芯板	块	700	700									
附件：			张	合　　计									

第二联：交会计部门

会计：黄灵 复核：杨任 发料：李宁 制单：张华

2-1

长沙明华家具厂收料单

供应单位：马王堆建材超市　　　　　　　　　　　　　　　　　　编号：1068

发票号码：092372　　　　　　　2015 年 3 月 11 日　　　　　　　　仓库：一仓库

规格	材料名称	编号	数量		实际价格（元）													
			应收	实收	单位	单价	发票金额	运杂费	合计									
									千	百	十	万	千	百	十	元	角	分
	大芯板	1101	500	500	块													
	装饰板	1102	1 400	1 400	块													
合计																		

第二联：会计部门

会计：黄灵　　　　采购：王涛　　　　复核：杨任　　　　验收：李宁　　　　制单：张华

2-2

湖南增值税专用发票

4301092372　　　　　　　　　发票联　　　　　　　　　№09236174

开票日期：2015 年 03 月 11 日

购货单位	名　　称：长沙明华家具厂 纳税人识别号：430104712261524 地 址、电 话：长沙市三一路 28 号 0731－82625670 开户行及账号：工行星沙支行 9012025472973826	密码区	2489－1<9－7－61596284 8<032/52>9/29533－4974 1626<8－3024>82906－2 －47－6<7>2*－/>*>6/	加密版本：01 4301092372 09236174

货物或应税劳务名称	规格型号	单位	数量	单价	金额	税率	税额
大芯板		块	500	47.00	23 500.00	17%	3 995.00
装饰板		块	1 400	40.00	56 000.00	17%	9 520.00
合计					¥79 500.00		¥13 515.00
价税合计（大写）	玖万叁仟零壹拾伍元整				（小写）¥93 015.00		

销货单位	名　　称：马王堆建材超市 纳税人识别号：420101021318405 地 址、电 话：长沙万家丽路 110 号 0731-8553[illegible] 开户行及账号：工行马王堆支行 90267[illegible]	备注	

第三联：发票联　购货方记账凭证

收款人：　　　　复核：　　　　开票人：李[illegible]　　　　销货单位：（章）

2-3

湖南增值税专用发票

全国统一发票监制章 湖南 国家税务总局监制

4301092372 　　　　 №09236174

开票日期：2011 年 03 月 11 日

购货单位	名　　称：长沙明华家俱厂 纳税人识别号：430104712261524 地 址、电 话：长沙市三一路 28 号 0731－82625670 开户行及账号：工行星沙支行 9012025472973826	密码区	2489－1<9－7－61596284 8<032/52>9/29533－4974 1626<8－3024>82906－2 －47－6<7>2*－/>*>6/ 加密版本：01 4301092372 09236174

货物或应税劳务名称	规格型号	单位	数量	单　价	金　额	税率	税　额
大芯板		块	500	47.00	23 500.00	17%	3 995.00
装饰板		块	1 400	40.00	56 000.00	17%	9 520.00
合　　计					¥79 500.00		¥13 515.00
价税合计（大写）	玖万叁仟零壹拾伍元整				（小写）¥93 015.00		

销货单位	名　　称：马王堆建材超市 纳税人识别号：420101021318405 地 址、电 话：长沙万家丽路 110 号 0731-85534... 开户行及账号：工行马王堆支行 90267314535...	备注	

收款人：　　复核：　　开票人：李　　销货单位：（章）

马王堆建材超市 420101021318405 发票专用章

第二联 抵扣联 购货方抵扣凭证

3-1

长沙明华家具厂领料单

编号：1260

领料部门：基本生产车间　　2015 年 3 月 15 日　　领料用途：生产椅子

材料编码	材料名称	单位	请领数量	实领数量	实际单价	金额 十	万	千	百	十	元	角	分
	大芯板	块	360	360									
	乳　胶	桶	32	32									
附件：			张	合　　计									

会计：黄灵　　复核：杨任　　发料：李宁　　制单：张华

第二联：交会计部门

3-2

长沙明华家具厂领料单

编号：1261

领料部门：供电车间　　2015 年 3 月 15 日　　领料用途：一般消耗

材料编码	材料名称	单位	请领数量	实领数量	实际单价	金额							
						十	万	千	百	十	元	角	分
	大芯板	块	150	150									
	乳　胶	桶	4	4									
附件：			张	合　计									

第二联：交会计部门

会计：黄灵　　复核：杨任　　发料：李宁　　制单：张华

3-3

长沙明华家具厂领料单

编号：1262

领料部门：供水车间　　2015 年 3 月 15 日　　领料用途：一般消耗

材料编码	材料名称	单位	请领数量	实领数量	实际单价	金额							
						十	万	千	百	十	元	角	分
	大芯板	块	142	142									
	乳　胶	桶	2	2									
附件：			张	合　计									

第二联：交会计部门

会计：黄灵　　复核：杨任　　发料：李宁　　制单：张华

3-4

长沙明华家具厂领料单

编号：1263

领料部门：基本生产车间　　2015 年 3 月 15 日　　领料用途：生产课桌

材料编码	材料名称	单位	请领数量	实领数量	实际单价	金额							
						十	万	千	百	十	元	角	分
	乳　胶	桶	67	67									
附件：			张	合　计									

第二联：交会计部门

会计：黄灵　　复核：杨任　　发料：李宁　　制单：张华

4-1

长沙明华家具厂送货单

购货单位：华美家具批发部　　2015 年 3 月 18 日　　编号：079

名称用规格	单位	数量	销售单价	总售价（不含税）	备注
课　桌	张	4 500	120.00	540 000.00	单位地址：长沙市玉兰路 58 号，电话 0731-85551015；开户行及账号：工商银行麓山支行 9012011320342866，纳税人识别号：430104268896354。
椅　子	张	5 000	80.00	400 000.00	
合　　计				940 000.00	

业务员：李立　　会计：李芳　　复核：张华　　发货：李宁　　制单：张华

4-2

湖南增值税专用发票

（全国统一发票监制章　湖　南　国家税务总局监制）

4301094342　　№ 09433542

此联不作报销、扣税凭证使用

开票日期：2015 年 03 月 18 日

购货单位	名称：华美家具批发部 纳税人识别号：430104268896354 地址、电话：长沙市玉兰路 58 号 0731—85551015 开户行及账号：工商银行麓山支行 9012011320342866	密码区	2489—19—7—61596284< 03>2/59/2<9533>—497416 <26>8—302<482>906—2	加密版本：01 4301094342 09433542

货物或应税劳务名称	计量单位	数　量	单　价	金　额	税率	税额
课　桌		4 500	120.00	540 000.00	17%	91 800.00
椅　子		5 000	80.00	400 000.00		68 000.00
合　　计	张			940 000.00		159 800.00
价税合计（大写）	壹佰零玖万玖仟捌佰元整			（小写）￥1 099 800.00		

销货单位	名称：长沙华明家具厂 纳税人识别号：430104712261524 地址、电话：长沙市三一路 28 号 0731—82625670 开户行及账号：工行星沙支行 9012025472973826	备注

（长沙明华家具厂　430104712261524　发票专用章）

收款人：　　复核：　　开票人：　　销货单位：（章）

第一联：记账联　购货方记账凭证

5 **长沙明华家具厂产品销售成本计算表**

2015 年 03 月 18 日　　　　　　　　单位：元

产品名称	计量单位	销售数量	单位成本	总成本
课　桌	张			
椅　子	张			
合　　计				

会计主管：陈娟　　　　会计：黄灵　　　　复核：黄灵　　　　制单：杨任

6 **沙明华家具厂工资费用分配表**

2015 年 3 月

应借项目		成本或费用项目	分配计入			工资总额
			生产工时（小时）	分配率（元/小时）	分配金额（元）	
基本生产成本	课桌	直接人工			?	
	椅子	直接人工		?		
	小计				65 625	65 625
辅助生产成本	供电	工资				5 160
	供水	工资				2 940
	小计					8 100
制造费用		职工薪酬				9 300
管理费用		职工薪酬				14 000
合　　计						97 025

7

长沙明华家具厂"五险一金"、工会经费及职工教育经费计算表

2015年3月

应借项目		成本或费用项目	工资总额	五险一金（10.5%）	工会经费（2%）	职工教育经费（1.5%）	合　计
生产成本	课桌	直接人工		……	……	……	
	椅子	直接人工		……	……	……	
	小计		65 625	……	……	……	9 187.50
生产成本	供电	福利费	5 160	……	……	……	722.40
	供水	福利费	2 940				411.60
	小计		8 100	……	……	……	1 134
制造费用		职工薪酬	9 300	……	……	……	1 302
管理费用		职工薪酬	14 000				1 960
合　计			97 025	……	……	……	13 583.50

8

长沙明华家具厂办公费汇总表

2015年3月

车间、部门		办公费合计
基本生产车间		2 305.00
辅助生产车间	供电	421.60
	供水	488.40
行政管理部门		3 840.00
合计		7 055.00

注：办公费以银行存款支付，其结算凭证从略。

9

长沙明华家具厂折旧费用计算表

2015年3月

车间、部门		上月固定资产折旧额	上月增加固定资产折旧额	上月减少固定资产折旧额	本月固定资产折旧额
基本生产车间		10 050	1 400		11 450
辅助生产车间	供电	2 110		464	1 646
	供水	2 010			2 010
行政管理部门		4 200	1 200	560	4 840
合计		18 370	2 600	1 024	19 946

10

长沙明华家具厂发料凭证汇总表

2015 年 3 月

应借账户		成本或费用项目	合计
生产成本	课桌	直接材料	?
	椅子	直接材料	?
	供电	材料费	?
	供水	材料费	?
制造费用		机物料	?
合计			

大芯板加权平均单位成本＝

乳胶加权平均单位成本＝

11-1

辅助生产数量及各受益单位耗用量表

2015 年 3 月

项　　目		供电车间	供水车间
辅助车间	供电车间		2 000
	供水车间	1 000	
基本车间	产品直接用	9 000	
	车间一般用	400	15 000
管理部门		600	5 000
合　　计		11 000	22 000

11-2

长沙明华家具厂辅助生产费用分配表

2015 年 3 月

项目	供电车间		供水车间		合计
	数量	金额	数量	金额	金额
待分配辅助生产费用（元）	——		——		
辅助生产部门以外的劳务量		——		——	——
费用分配率	?		?		——
基本生产车间					
管理部门					
分配金额合计	——		——		

12

长沙明华家具厂制造费用分配表

2015 年 3 月

产品名称	分配标准（生产工时）	分配率	分配金额
课桌			?
椅子		?	
合　计			

13-1

长沙明华家具厂产品成本计算单

产品名称：课桌　　　　2015 年 3 月　　　　金额单位：元

项目	直接材料	直接人工	制造费用	合计
月初在产品成本				
本月发生生产费用		?		
生产费用合计				
完工产品总成本				
完工产品单位成本				
月末在产品成本				

13-2

产品入库单

编号：1280497

车间：基本生产车间　　　　2015 年 3 月 28 日　　　　仓库：2 号

产品名称	规格	单位	数量	单位成本	金额								
					百	十	万	千	百	十	元	角	分
课桌		张	1 400										
合　计													

第二联　会计部门记账

验收：文虎　　　　保管员：李乐　　　　车间：李利　　　　记账：

【具体要求二】填制记账凭证：

题号	会计分录	附件张数
1	月末集中处理	——
2. 采购材料	借：原材料——大芯板 ——装饰板 应交税费——应交增值税（进项税额） 贷：应付账款——马王堆建材超市	2
3	月末集中处理	
4. 销售课桌和椅子	借：应收账款——长沙华美家具批发部 贷：主营业务收入 应交税费——应交增值税（销项税额）	2
5. 结转销售成本	借：主营业务成本 贷：库存商品——课桌 ——椅子	1
6. 分配工资	借：生产成本——课桌 ——椅子 ——供电 ——供水 制造费用 管理费用 贷：应付职工薪酬	
7. 计提五险一金等	借：生产成本——课桌 ——椅子 ——供电 ——供水 制造费用 管理费用 贷：应付职工薪酬	
8. 支付办公费	借：生产成本——供电 ——供水 制造费用 管理费用 贷：银行存款	
9. 计提折旧	借：生产成本——供电 ——供水 制造费用 管理费用 贷：累计折旧	

续表

题号	会计分录	附件张数
10. 分配材料费用	借：生产成本——课桌 ——椅子 ——供电 ——供水 制造费用 贷：原材料——大芯板 ——乳胶	
11. 分配辅助生产费用	借：制造费用 管理费用 贷：生产成本——供电 ——供水	
12. 分配制造费用	借：生产成本——课桌 ——椅子 贷：制造费用	
13. 结转完工产品成本	借：库存商品——课桌 贷：生产成本——课桌	

【具体要求三】登记成本账户：

生产成本——供电

6.	11.
7.	
8.	
9.	
10.	
发生额 期末余额	发生额

生产成本——供电

6.	11.
7.	
8.	
9.	
10.	
发生额 期末余额	发生额

制造费用——基本生产车间

6.	12.
7.	
8.	
9.	
10.	
11.	
发生额 期末余额	发生额

生产成本——课桌

月初余额	13.
6.	
7.	
10.	
12.	
发生额 期末余额	发生额

生产成本——椅子

月初余额	13.
6.	
7.	
10.	
12.	
发生额 期末余额	发生额

实训五　月末产品部分完工情况下的成本核算

【实训要求】根据以下资料，运用品种法进行会计主体 2015 年 12 月的成本核算。

一、公司基本情况

（一）公司注册资料

公司注册名称：太原艾丽制衣有限责任公司。

公司注册地址：太原市虎峪区和平北路 138 号。

公司注册资本和法人代表：公司由太原天意有限公司和李大伟个人投资成立，公司总注册资本为 2000 万元。公司法人代表为李大伟，总经理为周志强。

公司经营范围：主要从事工装的生产和销售。

（二）公司账户资料

1. 基本存款账户

中国工商银行太原晋源支行，账号：6222464654546447，行号：102161000197。

2. 一般存款账户

交通银行太原五一支行，账号：6222464654112232。

3. 专用存款账户

住房公积金专用账户：中国工商银行太原晋源支行，账号：6222101264556000。

4. 证券资金账户及股东代码

开户（股票）证券公司：山西证券万柏林营业部。

资金账号：15009488。

股东代码：沪 A237473262（主）　深 0037267018（主）。

5. 银行预留印鉴

法人代表名章

二、公司会计工作组织及分工

公司单独设置财会部门，划分为会计主管、总账会计、成本会计、出纳四个工作岗位。

会计主管——李成功，职责：领导和组织公司会计核算工作；负责审核会计凭证、对账和编制财务报表并进行财务分析；负责保管财务专用章；负责编制纳税申报表；组织会计档案的整理和保管；组织编制财务预算、决算；组织财产清查等。

总账会计——陈中华，职责：编制除产品成本业务之外的其他业务的会计凭证；负责编制科目汇总表，登记总分类账等。

成本会计——马晓娟，职责：负责产品成本核算、编制成本计算原始凭证，编制产品成本业务记账凭证，登记“生产成本”、“制造费用”明细账，编制成本报表，进行成本分析等。

出纳——赵红利，职责：负责办理库存现金、银行存款收款、付款业务；保管库存现金、有价证券及法人代表名章；登记库存现金日记账、银行存款日记账；配合清查人员进行库存现金、银行存款清查等。

三、公司会计核算方法及财务管理制度

1. 公司以人民币为记账本位币（核算中金额计算保留至分位），记账文字为中文。会计核算采用科目汇总表账务处理程序。

2. 公司为增值税一般纳税人，增值税税率为17%。

公司适用的城市维护建设税税率为7%，教育费附加征收率为3%。

公司营业税、车船税、房产税和土地使用税均按规定计算缴纳。

公司按规定代扣代缴个人所得税。

公司企业所得税税率为25%，并假设这一税率适用于未来可预见的期间，公司不享受其他税收优惠政策。企业所得税的核算采用资产负债表债务法。企业所得税缴纳采用按季预缴，按年汇算清缴的方式，公司以前年度的企业所得税假设已进行汇算。

本实训不考虑除上述税费以外的其他税费。

3. 公司原材料采用计划成本法组织日常核算，材料成本差异率为综合差异率，材料成本差异率计算保留4位小数；周转材料、库存商品采用实际成本法组织日常核算，发出周转材料、库存商品采用全月一次加权平均法计价。

原材料入库业务，于月末根据“收料单”编制“收料凭证汇总表”，汇总进行原材料入库业务的总分类核算。

原材料发出业务，于月末根据“领料单”编制“发料凭证汇总表”，汇总进行原材料出库业务的总分类核算。

4. 公司固定资产折旧和无形资产摊销均采用年限平均法，固定资产折旧方法与折旧年限与税法规定一致。各类固定资产的折旧年限和折旧率如下表所示，预计净残值率均为4%。

固定资产类别	折旧年限	年折旧率
房屋建筑物	20年	4.8%
生产设备	10年	9.6%
运输设备	4年	24%
管理设备	5年	19.2%

5. 公司按有关规定计算缴纳社会保险费和住房公积金。基本社会保险及住房公积金以应付工资作为计提基数，计提比例如下：基本养老保险为22%，企业承担14%，个人承担8%；医疗保险为10%，企业承担8%，个人承担2%；失业保险为3%，企业承担2%，个人承担1%；工伤保险为1%，全部由企业承担；生育保险为0.8%，全部由企业承担。住房公积金为16%，企业承担10%，个人承担6%。

公司由个人承担的社会保险费、住房公积金在缴纳时直接从“应付职工薪酬——工资”明细账中冲销，不通过“其他应付款”账户进行核算。

6. 公司职工福利费不预提，按实际发生金额列支；工会经费和职工教育经费分别按应付工资总额的2%、2.5%比例计提。工会经费按月划拨给工会专户。

7. 由本企业负担的运费采用2011年的处理方式。

8. 公司采用品种法计算产品成本，成本项目为直接材料、直接人工和制造费用。成本计算中各分配率的计算保留四位小数。

本月发生的直接材料费以各种产品材料消耗定额比例为标准在各种产品之间进行分配，本月发生的直接人工和制造费用按实际生产工时在各种产品之间进行分配。

月末在产品和完工产品之间费用的分配采用约当产量法，原材料在第一道工序开始一次投入，直接人工费用和制造费用的完工程度分工序按定额生产工时计算，月末在产品在本工序的完工程度均为50%。

四、2015年11月份账户及业务资料

账户余额表

2015年11月30日　　金额单位：元

总账科目	二级科目	三级科目	借方余额	贷方余额
一、资产类				
原材料				
	原料及主要材料		109 421.40	
	辅助材料		37 080.00	
	修理用备品备件		2 100.00	
周转材料				
	包装物		1 330.00	
	低值易耗品		900.00	
材料成本差异				3 782.97
库存商品				
	男夏装		72 244.08	
	女夏装		58 502.16	

续表

总账科目	二级科目	三级科目	借方余额	贷方余额
	男冬装		39 808.23	
	女冬装		126 392.00	
四、成本类				
生产成本	男夏装			
	女夏装			
	男冬装		91 318.50	
	女冬装			

原材料明细账户余额表

2015 年 11 月 30 日　　　　金额单位：元

类别	品名	单位	数量	计划单位成本	金额
原料及主要材料	全棉蓝薄水洗布	米	1 000	25.80	25 800.00
	全棉红薄水洗布	米	1 008	25.80	26 006.40
	全棉蓝厚水洗布	米	630	32.90	20 727.00
	全棉红厚水洗布	米	720	32.90	23 688.00
	圆扣子	包（100 个）	1 320	10.00	13 200.00
	小　计				109 421.40
辅助材料	松紧带	卷（50 米）	120	75.00	90 00.00
	反光条	卷（51 米）	520	40.00	20 800.00
	蓝线	塔	910	8.00	7 280.00
	小　计				37 080.00
修理用备品	311 高级衣车油		20	105.00	2 100.00
合　计					148 601.40

周转材料明细账户余额表

2015 年 11 月 30 日　　金额单位：元

品名	单位	数量	单位成本	金额
包装物类				1330.00
男夏装袋	包（100 个）	50	5	250.00
女夏装袋	包（100 个）	60	5	300.00
男冬装袋	包（100 个）	70	6	420.00
女冬装袋	包（100 个）	60	6	360.00
低值易耗品类				900.00
裁案	张	15	60	900.00
合　计				2 230.00

库存商品明细账户余额表

2015 年 11 月 30 日　　金额单位：元

品　名	数量	单价	金额
男夏装	456	158.43	72 244.08
女夏装	386	151.56	58 502.16
男冬装	209	190.47	39 808.23
女冬装	700	180.56	126 392.00
合　计			296 946.47

生产成本明细账户余额表

2015 年 11 月 30 日　　金额单位：元

产品名称	数量	直接材料	直接人工	制造费用	合计
男夏装					
女夏装					
男冬装	600	745 32.00	14 250.00	2 536.50	91 318.50
女冬装					
合　计					91 318.50

五、2015 年 12 月份经济业务资料

业务 1：1 日，作反向分录冲销上月暂估入账的原材料成本。（原记账凭证复印件）

复印件与原件核对无误

记账凭证

2015 年 11 月 30 日　　　　记 字第 126 号

摘要	总账科目	明细科目	借方金额											贷方金额										
			亿	千	百	十	万	千	百	十	元	角	分	亿	千	百	十	万	千	百	十	元	角	分
暂估原材料入账	原材料	全棉蓝厚水洗布					1	9	7	4	0	0	0											
	应付账款	暂估材料款																1	9	7	4	0	0	0
合　计						¥	1	9	7	4	0	0	0				¥	1	9	7	4	0	0	0

附单据 1 张

会计主管：李成功　　记账：陈中华　　出纳：　　复核：李成功　　制单：陈中华

业务 2：1 日，采用商业承兑汇票结算方式采购材料，用银行存款支付的运费按采购材料数量进行分配。（增值税专用发票、运费发票、商业承兑汇票存根、银行回单）。

湖南增值税专用发票

全国统一发票监制章　国家税务总局监制

发票联

1401112140　　　　№ 30972702

开票日期：2015 年 12 月 01 日

购货单位	名　　称：太原艾丽制衣有限责任公司 纳税人识别号：140102244212428 地址、电话：太原市虎峪区和平北路 138 号 0351－6215319 开户行及账号：中国工商银行太原晋源支行 6222464654546447			密码区	3－65745<19458<38404817 5/37503848＊7>—2//5>＊8 574567－7<8＊873/＋<413— 3001152—/>7142>>8—	加密版本：01 4301092372 30972702	
货物或应税劳务名称	规格型号	单位	数量	单价	金额	税率	税额
全棉蓝薄水洗布		米	4 500	26	117 000.00	17%	19 890.00
全棉红薄水洗布		米	5 500	26	143 000.00	17%	2 4310.00
全棉蓝厚水洗布		米	3 400	34	115 600.00	17%	19 652.00
全棉红厚水洗布		米	3 600	34	122 400.00	17%	20 808.00
总　　计					¥498 000.00		¥84 660.00
价税合计（大写）	伍拾捌万贰仟陆佰陆拾元整				（小写）¥582 660.00		
销货单位	名　　称：北京宏伟纺织有限责任公司 纳税人识别号：110121544025712 地址、电话：北京市海淀区东风苑 116 号 010—87372523 开户行及账号：中国工商银行北京海淀支行 6222344434225376				备注	北京宏伟纺织有限责任公司 110121544025712 发票专用章	

第三联：发票联　购货方记账凭证

收款人：　　复核：　　开票人：高小凯　　销货单位：（章）

商业承兑汇票（存根） 3

39008892

出票日期
（大写）贰零壹伍年壹拾贰月零壹日

付款人	全称	太原艾丽制衣有限责任公司	收款人	全称	北京宏伟纺织有限责任公司
	账号	6222464654546447		账号	6222344434225376
	开户银行	中国工商银行太原晋源支行		开户银行	中国工商银行北京海淀支行

出票金额	人民币（大写）伍拾捌万贰仟陆佰陆拾元整	亿	千	百	十	万	千	百	十	元	角	分
				¥	5	8	2	6	6	0	0	0

汇票到期日（大写）	贰零壹陆年零陆月零壹日	付款人开户行	行号 102161000197
交易合同号码	11031		地址 太原市虎峪区和平北路30号
备注			

此联由出票人存查

公路、内河货物运输业统一发票

全国统一发票监制章 北京市 地方税务局监制

发票联

开票日期：2015-12-01

发票代码：211011122469
发票号码：00087289

机打代码 机打号码 机器编号	211011122469 00087289 499100018941	税控码	＊-＊5436＊6＋76＞221266908796＞2017＜226＜-13--8//073-621266908796＞2017＜226＜-13--8//2212669908090887996＞20017178-＜972599879＞2212690986908796＞2017-
收货人及纳税人识别号	太原艾丽制衣有限责任公司 140102244212428	承运人及纳税人识别号	北京速达物流有限公司 110121455114550
发货人及纳税人识别号	北京宏伟纺织有限责任公司 110121544025780	主管税务机关及代码	北京海淀区地税局 2110194

运输项目及金额	货物名称	数量（重量）	单位运价	计费里程	金额	其他项目及金额	费用名称	金额	备注
	薄水洗布				4800.00			0	
	厚水洗布				4900.00				
运费小计	¥9700.00					其他费用小计			
合计（大写）	⊗玖仟柒佰元整					（小写）¥9700.00			

北京速达物流有限公司
110121455114550
发票专用章

承运人盖章　　　开票人：李达贵

第一联 发票联 付款方记账凭证（手写无效）

中国工商银行 **电子转账凭证**

币种：人民币　　　　委托日期：2015 年 12 月 01 日　　　　凭证编号：58684319

付款人	全称	太原艾丽制衣有限责任公司	收款人	全称	北京速达物流有限公司
	账号	6222464654546447		账号	6222344434225235
	汇出地点	山西省太原市/县		汇入地点	北京市/省 市/县
汇出行名称		中国工商银行太原晋源支行	汇入名称		中国工商银行北京海淀支行

金额	人民币（大写）玖仟柒佰元整	亿	千	百	十	万	千	百	十	元	角	分
						¥	9	7	0	0	0	0

附加信息及用途： 运费 中国工商银行 太原晋源支行 2015.12.01 转讫 (01) 银行盖章	支付密码 根据中国工商银行太原艾丽制衣有限责任公司客户 09019 号电子指令，上述款项已由本行支付 客户经办人：1234　复核　　记账

第一联 客户回单

业务 3：4 日，申请办理银行汇票，用以支付材料款。（委托书回执、银行收费凭证）

ICBC 中国工商银行
业务委托书 回执
APPLICATION FOR MONEY TRANSFER
ACKNOWLEDGEMENT
晋 BOO250440

委托人账号	6222464654546447
收款人全称	北京英姿布业有限公司
收款人账号	6222344434345634
金额	¥13 000.00
委托日期	2015. 12. 04

中国工商银行 太原晋源支行 2015.12.04 转讫 (01)

此联为银行受理通知书。若委托人申请汇票或本票业务，应凭此联领取汇票或本票。
This Paper is the bank acceptance advice. For draft or promissory note application. please return this paper.

中国工商银行 INDUSTRIAL AND COMMERCIAL BANK OF CHINA

收费凭条

2015 年 12 月 04 日

付款人名称	太原艾丽制衣有限责任公司	付款人账号	6222464654545447										
服务项目（凭证种类）	数量	工本费	手续费	小计 百	十	万	千	百	十	元	角	分	上述款项请从我账户支付。
银行汇票申请手续费									¥		5	0	
合　计									¥	3	5	0	
币种（大写）	人民币叁元伍角整								¥	3	5	0	预留印鉴

记账联附件

印章：中国工商银行太原晋源支行 2015.12.07 转讫（01）；太原艾丽制衣有限责任公司 财务专用章；李伟大印

以下在购买凭证时填写			
领购人姓名		领购人证件类型	
		领购人证件号码	

事后监督：　　　　记账：

业务 4：7 日，用银行汇票采购原材料，多余款已退回。（银行收账通知、增值税专用发票）

北京增值税专用发票

1101112140　　发票联　　№ 00025365

开票日期：2015 年 12 月 07 日

购货单位	名称：太原艾丽制衣有限责任公司 纳税人识别号：140102244212428 地址、电话：太原市虎峪区和平北路 138 号 0351－6215319 开户行及账号：中国工商银行太原晋源支行 6222464654546447	密码区	3－65745<19458<38404817 5/37503848 * 7>—2//5> * 8 574567－7<8 * 873/＋<413— 3001152—/>7142>>8—	加密版本：01 1101112140 00025365			
货物或应税劳务名称	规格型号	单位	数量	单价	金额	税率	税额
反光条		圈	260	42.00	10 920.00	17%	1 856.40
总　计					¥10 920.00		¥1 856.40
价税合计（大写）	壹万贰仟柒佰柒拾陆元肆角整				（小写）¥12 776.40		
销货单位	名称：北京英姿布业有限公司 纳税人识别号：110021544054213 地址、电话：北京市海淀区建辉大厦 16 号 010—87377712 开户行及账号：中国工商银行北京海淀支行 6222344464848634	备注					

第三联：发票联　购货方记账凭证

收款人：　　复核：　　开票人：苏海燕　　销货单位：（章）

印章：全国统一发票监制章 北京 国家税务总局监制；北京英姿布业有限公司 110021544054213 发票专用章

付款期限
壹　月

中国工商银行

银行汇票 多余款收账通知 4

$\frac{GE}{02}$ 58792082

第 225 号

出票日期（大写） 贰零壹伍年壹拾贰月零柒肆日	代理付款行：中国工商银行北京海淀支行 行号：102100014
收款人：北京英姿布业有限公司	账号：6222344434345634
出票金额 人民币（大写） 壹万叁仟元整	13 000.00

实际结算金额	人民币（大写）	千	百	十	万	千	百	十	元	角	分
	壹万贰仟柒佰柒拾陆元肆角整			¥	1	2	7	7	6	4	0

申请人：太原艾丽制衣有限责任公司　　账号或地址：6222464654546447

出票行：中国工商银行太原晋源支行 102161000197

备　注：

出票行签章

（中国工商银行 太原晋源支行 2015.12.26 转讫 (01)）

2015 年　12 月　07 日

多余金额										左列退回多余金额已收入你账户内。
千	百	十	万	千	百	十	元	角	分	
				¥	2	2	3	6	0	

此联出票行作多余款后交申请人

业务 5：13 日，销售产品，收到银行承兑汇票。（增值税专用发票、销售单、银行承兑汇票复印件）

山西增值税专用发票

1401112140　　此联不作报销、扣税凭证使用　　№ 30972731

（全国统一发票监制章 山西 国家税务总局监制）

开票日期：2015 年 12 月 13 日

购货单位	名　　称：北京市海淀区劳保用品中心 纳税人识别号：110021554425325 地 址 、电 话：北京市海淀区万顺路 21 号 010－62152179 开户行及账号：中国工商银行北京海淀支行 6222464654546083	密码区	3－65745<19458<38404817 5/37503848＊7>—2//5>＊8 574567—7<8＊873/＋<413— 3001152—/>7142>>8— 加密版本：01 1401112140 30972731

货物或应税劳务名称	规格型号	单位	数量	单价	金额	税率	税额
男夏装		套	800	340.00	272 000.00	17%	46 240.00
女夏装		套	600	320.00	192 000.00	17%	32 640.00
男冬装		套	600	380.00	228 000.00	17%	38 760.00
女冬装		套	800	360.00	288 000.00	17%	48 960.00
总　　计					¥980 000.00		¥166 600.00
价税合计（大写）	壹佰壹拾肆万陆仟陆佰元整				（小写）¥1 146 600.00		

销货单位	名　　称：太原艾丽制衣有限责任公司 纳税人识别号：140102244212428 地 址 、电 话：太原市虎峪区和平北路 138 号 0351－4215319 开户行及账号：中国工商银行太原晋源支行 6222464654546447	备注

（太原艾丽制衣有限责任公司 140102244212428 发票专用章）

收款人：　　复核：　　开票人：赵雪凤　　销货单位：（章）

第一联：记账联　销货方记账凭证

销售单

购买单位：北京市海淀区劳保用品中心　地址和电话：北京市海淀区万顺路21号 01062152179　单据编号：001

纳税识别号：110021554425325　开户行及账号：中国工商银行北京海淀支行 6222464654546083　制单日期：2015-12-13

编码	产品名称	规格	单位	单价	数量	金额	备注
01	男夏装		套	340.00	800	272 000.00	不含税价
02	女夏装		套	320.00	600	192 000.00	
合计	人民币（大写）：肆拾陆万肆仟元整					¥464 000.00	

会计联

总经理：周志强　销售经理：张春林　经手人：刘小飞　会计：　签收人：杜春丽

销售单

购买单位：北京市海淀区劳保用品中心　地址和电话：北京市海淀区万顺路21号 01062152179　单据编号：002

纳税识别号：110021554425325　开户行及账号：中国工商银行北京海淀支行 6222464654546083　制单日期：2015-12-13

编码	产品名称	规格	单位	单价	数量	金额	备注
03	男冬装		套	380.00	600	220 000.00	不含税价
04	女冬装		套	360.00	800	288 000.00	
合计	人民币（大写）：伍拾壹万陆仟元整					¥516 000.00	

会计联

总经理：周志强　销售经理：张春林　经手人：刘小飞　会计：　签收人：杜春丽

银行承兑汇票

出票日期（大写）　贰零壹伍年壹拾贰月壹拾叁日　　2 GE/02　68791089

出票人全称	北京市海淀区劳保用品中心	收款人	全称	太原艾丽制衣有限责任公司
出票人账号	6222464654546083	收款人	账号	6222464654546447
付款行全称	中国工商银行北京海淀支行	收款人	开户银行	中国工商银行太原晋源支行
出票金额	人民币（大写）壹佰壹拾肆万陆仟陆佰元整		亿 千 百 十 万 千 百 十 元 角 分	¥ 1 1 4 6 6 0 0 0 0
汇票到期日（大写）	贰零壹陆年零叁月壹拾[illegible]日	付款行	行号：102161000197	
承兑协议编号	252798	付款行	地址：太原市虎峪区和平北路30号	
本汇票请你行承兑，到期无条件付款。 北京市海淀区劳保用品中心 财务专用章　刘元启印 出票人签章		中国工商银行北京海淀支行 102161000012 汇票专用章 本汇票已经承兑，到期日由本行付款。 承兑行签章 承兑日期：年 月 日	复印件与原件核对无误	
		备注		

此联收款人开户行随托收凭证寄付款行作借方凭证附件

业务 6：26 日，签订包含现金折扣条款的销售合同，采用发货制向陕西劳保用品公司销售商品并垫付运费。已办妥托收手续。（增值税专用发票、销售单 2 张、支票存根、托收凭证、销售合同）

山西增值税专用发票

14011112140　　　此联不作报销、扣税凭证使用　　　№ 30972732

（全国统一发票监制章 山西 国家税务总局监制）

开票日期：2015 年 12 月 26 日

购货单位	名　　称：陕西劳保用品公司 纳税人识别号：6101015544226339 地 址 、电 话：西安市新城区光华路 51 号 0298—1215213 开户行及账号：中国工商银行西安新城支行 6222464359546065	密码区	3—65745＜19458＜38404817 5/37503848＊7＞—2//5＞＊8 574567—7＜8＊873/＋＜413— 3001152—/＞7142＞＞8— 加密版本：01 1401112140 30972732

货物或应税劳务名称	规格型号	单位	数量	单价	金额	税率	税额
男夏装		套	1 000	340.00	340 000.00	17%	57 800.00
女夏装		套	800	320.00	256 000.00	17%	43 520.00
男冬装		套	700	380.00	266 000.00	17%	45 220.00
女冬装		套	900	360.00	324 000.00	17%	55 080.00
总　　计					￥1 186 000.00		￥201 620.00
价税合计（大写）	壹佰叁拾捌万柒仟陆佰贰拾元整				（小写）￥1 387 620.00		

销货单位	名　　称：太原艾丽制衣有限责任公司 纳税人识别号：140102244212428 地 址 、电 话：太原市虎峪区和平北路 138 号 0351—6215319 开户行及账号：中国工商银行太原晋源支行 6222464634546447	备注	

收款人：　　　复核：　　　开票人：赵雪凤　　　销货单位：（章）

（太原艾丽制衣有限责任公司 140102244212428 发票专用章）

第一联：记账联　销货方记账凭证

销售单

购买单位：陕西劳保用品公司　　地址和电话：西安市新城区光华路 51 号 02981215213　　单据编号：003

纳税识别号：610101554426339　　开户行及账号：中国工商银行西安新城支行 6222464359546065　　制单日期：2015-12-26

编码	产品名称	规格	单位	单价	数量	金额	备注
01	男夏装		套	340.00	1 000	340 000.00	不含税价
02	女夏装		套	320.00	800	256 000.00	
合计	人民币（大写）：伍拾玖万陆仟元整					￥596 000.00	

会计联

总经理：周志强　　销售经理：张春林　　经手人：刘小飞　　会计：　　签收人：王方辉

销售单

购买单位：陕西劳保用品公司　　地址和电话：西安市新城区光华路 51 号 02981215213　　单据编号：004

纳税识别号：610101554426339　　开户行及账号：中国工商银行西安新城支行 6222464359546065　　制单日期：2015-12-26

编码	产品名称	规格	单位	单价	数量	金额	备注
03	男冬装		套	380.00	7000	266 000.00	不含税价
04	女冬装		套	360.00	900	324 000.00	
合计	人民币（大写）：伍拾玖万元整					¥590 000.00	

会计联

总经理：周志强　　销售经理：张春林　　经手人：刘小飞　　会计：　　签收人：王方辉

中国工商银行
转账支票存根
36823328
00961544

附加信息

出票日期　2015 年 12 月 26 日

收款人：太原速达物流
金　额：5 200.00
用　途：运输费用

单位主管：　　会计：

托收凭证（受理回单）

委托日期2015年12月26日

<table>
<tr><td>业务类型</td><td colspan="8">委托收款（□邮划、☑电划）　托收承付（□邮划、□电划）</td></tr>
<tr><td rowspan="3">付款人</td><td>全称</td><td colspan="3">陕西劳保用品公司</td><td rowspan="3">收款人</td><td>全称</td><td colspan="3">太原艾丽制衣有限责任公司</td></tr>
<tr><td>账号</td><td colspan="3">622246439546065</td><td>账号</td><td colspan="3">6222464654546447</td></tr>
<tr><td>地址</td><td>陕西省西安市/县</td><td>开户行</td><td>工商银行西安新城支行</td><td>地址</td><td>山西省太原市/县</td><td>开户行</td><td>工商银行太原晋源支行</td></tr>
<tr><td>金额</td><td colspan="4">人民币（大写）　壹佰叁拾玖万贰仟捌佰贰拾元整</td><td colspan="4">亿　千　百　十　万　千　百　十　元　角　分
¥　1　3　9　2　8　2　0　0　0</td></tr>
<tr><td>款项内容</td><td>货款</td><td>托收凭据名称</td><td colspan="2">发票、运单</td><td colspan="2">附寄单证张数</td><td colspan="2">5</td></tr>
<tr><td>商品发运情况</td><td colspan="2">货物已发送</td><td colspan="2">合同名称号码</td><td colspan="4">销售　520110016</td></tr>
<tr><td colspan="3">本汇票请你行承兑，到期无条件付款。

出票人签章</td><td colspan="3">本汇票已经承兑，到期日由本行付款。

承兑行签章
承兑日期：　年　月　日</td><td colspan="3">中国工商银行
太原晋源支行
2015.12.26
转讫
(01)
收款人开户银行签章
年　月　日</td></tr>
</table>

此联收款人开户银行给收款人的受理回单

销售合同

买方：陕西劳保用品公司（以下简称甲方）

卖方：太原艾丽制衣有限责任公司（以下简称乙方）

甲乙双方依照《中华人民共和国合同法》及有关法律、行政法规，遵循平等、自愿、公平和诚信原则，双方就工装采购有关事项协商一致，订立本合同如下：

一、产品内容

产品名称	数量	不含税单位	总税	其他要求
男夏装	1000	340	340 000	
女夏装	800	320	256 000	
男冬装	700	380	266 000	
女冬装	900	360	324 000	
合计			¥1 186 000	

二、结算方式

(1) 乙方向甲方发出商品后，采用委托收款方式向甲方收取货款。

(2) 双方约定的现金折扣条件为：2/10，1/20，n/30，现金折扣只针对货款，不包括增值税税额。

三、运输

乙方负责交货前货物的运输，运费先由乙方代垫。

……

六、合同争议的解决方式

本合同在履行过程中发生的争议，由甲乙双方协商解决；协商不成的依法向人民法院提起诉讼。

七、合同生效

本合同经双方签字盖章后生效，一式四份，甲乙双方各执两份。

甲方：陕西劳保用品公司　　乙方：太原艾丽制衣有限责任公司

代表（签字）：刘伟强　　代表（签字）：李大伟

日期：2015年12月25日　　日期：2015年12月25日

（印章：陕西劳保用品公司；刘伟强印；太原艾丽制衣有限责任公司；李大伟印）

业务7：28日，取得上月入库全棉蓝厚水洗布发票，并支付款项。（增值税专用发票、银行回单）

河北增值税专用发票

1401111240　　　　发票联　　　　№ 30972313

开票日期：2015年12月07日

购货单位	名　　称：太原艾丽制衣有限责任公司 纳税人识别号：140102244212428 地 址 、电 话：太原市虎峪区和平北路138号 0351－6215319 开户行及账号：中国工商银行太原晋源支行 6222464654546447			密码区	3－65745<19458<38404817 5/37503848＊7>—2//5>＊8 574567－7<8＊873/＋<413— 3001152—/>7142>>8—	加密版本：01 1101112140 30972313	
货物或应税劳务名称	规格型号	单位	数量	单价	金额	税率	税额
全棉蓝厚水洗布		米	600	34.00	20 400.00	17%	3 468.00
总　　计					￥20 400.00		￥3 468.00
价税合计（大写）	贰万叁仟捌佰陆拾捌元整				（小写）￥23 868.00		
销货单位	名　　称：石家庄靓景布业有限公司 纳税人识别号：130125244212167 地 址 、电 话：石家庄市长安区伟业路106号 0311－7372371 开户行及账号：中国工商银行石家庄长安支行 6222341234225210				备注		

收款人：　　　复核：　　　开票人：高小凯　　　销货单位：（章）

第三联：发票联　购货方记账凭证

中国工商银行　电子转账凭证

币种：人民币　　　委托日期：2015年12月28日　　　凭证编号：58684418

付款人	全称	太原艾丽制衣有限责任公司	收款人	全称	石家庄靓景布业有限公司
	账号	6222464654546447		账号	6222341234225210
	汇出地点	山西省太原市/县		汇入地点	河北省石家庄市/县
汇出行名称		中国工商银行太原晋源支行	汇入行名称		中国工商银行石家庄长安支行

金额	亿	千	百	十	万	千	百	十	元	角	分
人民币（大写）贰万叁仟捌佰陆拾捌元整				￥	2	3	8	6	8	0	0

附加信息及用途： 贷款 中国工商银行太原晋源支行 2015.12.28 转讫（01） 银行盖章	支付密码 根据中国工商银行太原艾丽制衣有限责任公司客户09418号电子指令，上述款项已由本行支付 客户经办人：1234　复核　　记账

第一联　客户回单

业务 8：29 日，销售给东盛实业公司女夏装一批，上月已预收部分款项。（增值税专用发票、销售单、收账通知）

山西增值税专用发票

1401111214 0　　　此联不作报销、扣税凭证使用　　　№ 30972733

开票日期：2015 年 12 月 26 日

购货单位	名　　称：东盛实业有限公司 纳税人识别号：140102244213516 地 址 、电 话：太原市柏林区迎泽路 108 号 03516232420 开户行及账号：中国工商银行太原柏林支行 6222464654545138	密码区	3—65745＜19458＜38404817 5/37503848＊7＞—2//5＞＊8 574567—7＜8＊873/＋＜413— 3001152—/＞7142＞＞8— 加密版本：01 1401112140 30972733

货物或应税劳务名称	规格型号	单 位	数 量	单 价	金 额	税率	税额
女夏装		套	300	320.00	96 000.00	17%	16 320.00
总　　计					¥96 000.00		¥16 320.00
价税合计（大写）	壹拾壹万贰仟叁佰贰拾元整				（小写）¥112 320.00		

销货单位	名　　称：太原艾丽制衣有限责任公司 纳税人识别号：140102244212428 地 址 、电 话：太原市虎峪区和平北路 138 号 0351—6215319 开户行及账号：中国工商银行太原晋源支行 6222464654546447	备注	

收款人：　　复核：　　开票人：赵雪凤　　销货单位：（章）

第一联：记账联　销货方记账凭证

销售单

购买单位：东盛实业有限公司　　地址和电话：太原市柏林区迎泽路 108 号 03516232420　　单据编号：005

纳税识别号：140102244213516　　开户行及账号：中国工商银行太原柏林支行 6222464654545138　　制单日期：2015-12-29

编码	产品名称	规格	单位	单价	数量	金额	备注
02	女夏装		套	320.00	300	96 000.00	不含税价
合计	人民币（大写）：玖万陆仟元整					¥96 000.00	

总经理：周志强　　销售经理：张春林　　经手人：刘小飞　　会计：　　签收人：赵小兰

会计联

ICBC 中国工商银行　　进账单（收账通知）　　3

2015 年 12 月 29 日

付款人	全称	东盛实业有限公司	收款人	全称	太原艾丽制衣有限责任公司
	账号	6222464654545138		账号	6222464654546447
	开户银行	中国工商银行太原万柏林支行		开户银行	中国工商银行太原晋源支行

金额	亿	千	百	十	万	千	百	十	元	角	分
人民币（大写）壹万贰仟叁佰贰拾元整				¥	1	2	3	2	0	0	0

票据种类	转账支票	票据张数	1
票据号码	00969216		

中国工商银行
太原晋源支行
2015.12.29
转讫
(01)

复核　　记账

收款人开户银行签章

此联是收款人开户银行交给收款人的收账通知

业务 9：31 日，收到业务 6 陕西劳保用品公司所付货款及代垫运费款。（现金折扣计算表、收账通知）

现金折扣计算表

2015 年 12 月 31 日

金额单位：元

品名	金额	税额	合计
男夏	340 000.00	57 800.00	397 800.00
女夏	256 000.00	43 520.00	299 520.00
男冬	266 000.00	45 220.00	311 220.00
女冬	324 000.00	55 080.00	379 080.00
合计	1 186 000.00	201 620.00	1 387 620.00
运费			5 200.00
应收总额			1 392 820.00
现金折扣	2/10		
财务费用	23 720.00		
折后金额	1 162 280.00	201 620.00	1 363 900.00
代垫运费			5 200.00
收款额			1 369 100.00

审核：李成功　　　　制单：陈中华

中国工商银行电子汇划收款回单

2015 年 12 月 31 日　　流水号：0017866759

付款人	全称	陕西劳保用品公司	收款人	全称	太原艾丽制衣有限责任公司
	账号	6222464359546065		账号	6222464654546447
	开户行	中国工商银西安新城支行		开户行	中国工商银行太原晋源支行
金额	（大写）壹佰叁拾陆万玖仟壹佰元整			¥1 369 100.00	
用途	货款及运费				

备注：

汇划日期：20151231　　汇划流水号：

汇出行行号：　　原凭证种类：

原凭证号码：　　原凭证金额：

汇款人地址：

收款人地址：

实际收款人账号：

实际收款人名称：

中国工商银行 太原晋源支行 2015.12.31 转讫 (01)

银行盖章

业务 10：31 日，支付生产车间办公用品购置费。（报销单、发票）

报 销 单

2015 年 12 月 31 日　　单据及附件共 1 张

姓名	刘喜	所属部门	生产车间	报销形式	现金
				支票号码	

报销项目	摘要	金额	备注：
办公用品	购买笔记本与笔	548.09	
合　计		¥548.09	
金额大写：零拾零万零仟伍佰肆拾捌元零角玖分		原借款：0.00 元	应退（补）款：548.09 元

现金付讫

总经理：周志强　财务经理：李成功　部门经理：刘家昌　会计：陈中华　出纳：赵红利　报销人：刘喜

山西省国家税务局通用机打发票

机打代码 114016789380　　发票联　　发票代码 114016789380

机打号码 33250011　　发票号码 33250011

开票日期 2015-12-31　　行业分类：商业

全国统一发票监制章 山西 国家税务总局监制

付款单位名称：太原艾丽制衣有限责任公司　　付款单位识别号：

货物及劳务名称	规 格	单 位	单 价	数 量	金 额
办公用品					548.09

合计人民币（大写）：伍佰肆拾捌元零玖分　　合计：¥548.09

收款单位名称（盖章）：太原雅达办公用品有限公司　　收款单位开户银行及账号：中国工商银行太原晋源支行 6222533355554443

太原雅达办公用品有限公司 140121544002222 发票专用章

收款单位识别号：140121544002222　　开票人：吴四德　　备注：

第一联 发票联（购货单位付款凭证）（手写无效）

业务 11：31 日，分配本月发生的职工福利费。（职工福利费汇总表、职工福利费分配表）

职工福利费汇总表

2015 年 12 月 31 日　　金额单位：元

部　　门		本月发生福利费支出
生产车间	生产工人	14 700.00
	管理人员	750.00
管理部门		6 750.00
合　　计		22 200.00

审核：李英达　　制单：张慧兰

职工福利费分配表

2015 年 12 月 31 日　　金额单位：元

受益对象		分配标准	分配率	分配金额
生产车间工人	男夏装	25		
	女夏装	30		
	男冬装	25		
	女冬装	18		
	小　计	98		
车间管理人员				
公司管理人员				
合　计				

审核：李成功　　制单：马晓娟

业务 12：31 日，分配本月职工薪酬。（职工薪酬汇总表、职工薪酬分配表）

职工薪酬汇总表

2015 年 12 月 31 日　　　　金额单位：元

部　门		应付工资	社会保险费	住房公积金	工会经费	职工教育经费	合　计
基本生产车间	生产工人	230 931.00	59 580.20	23 093.10	4 618.62	5 773.28	323 996.20
	管理人员	12 835.00	3 311.43	1 283.50	256.70	320.88	18 007.51
公司管理部门人员		156 234.00	40 308.37	15 623.40	3 124.68	3 905.84	219 196.29
合　　计		400 000.00	103 200.00	40 000.00	8 000.00	10 000.00	561 200.00

审核：李成功　　　　制单：马晓娟

职工薪酬分配表

2015 年 12 月 31 日　　　　金额单位：元

受益对象		分配标准（工时）	分配率	分配金额
生产车间工人	男夏装	2 250		
	女夏装	2 550		
	男冬装	1 800		
	女冬装	1 900		
	小　计	8 500		
车间管理人员				
公司管理人员				
合　计				

审核：李成功　　　　制单：马晓娟

业务 13：31 日，计提本月折旧。（折旧计算表）

固定资产折旧计算表

2015 年 12 月 31 日　　　　金额单位：元

使用单位和固定资产类别		月初原值	固定资产月折旧率%	本月应提折旧额
生产车间	厂房	1 200 000.00		
	生产设备	2 770 000.00		
	小计	3 970 000.00		
管理部门	房屋	3 600 000.00		
	运输设备	1 046 000.00		
	管理设备	588 950.00		
	小计	5 234 950.00		
无偿提供给高管用车		210 000.00		
小计		9 414 950.00		

审核：李成功　　　　制单：马晓娟

业务 14：31 日，分配本月水费。（水费分配表）

外购水费分配表

2015 年 12 月 31 日　　　　金额单位：元

受益对象	耗用量	单价	分配金额
生产车间	500	4.20	
公司管理部门	200	4.20	
合计	700		

业务 15：31 日，分配本月电费。（电费分配表）

外购电费分配表

2015 年 12 月 31 日　　　　金额单位：元

受益对象	耗用量	单价	分配金额
生产车间	5 000	0.80	
公司管理部门	2 120	0.80	
合计	7 120		

业务 16：31 日，根据“收料单”编制“收料凭证汇总表”，结转本月入库材料计划成本。（收料单 5 张、上月暂估入账收料单复印件、收料凭证汇总表）

收料单

2015 年 12 月 01 日　　　　编码 001

材料编号	材料名称	规格	材质	单位	数量		计划单价	计划总成本
					应收	实收		
R01	全棉蓝薄水洗布			米	4 500	4 500	25.80	116 100.00

会计联

主管：杨延阳　　质量检验员：王杨　　仓库验收：龚伟清　　经办人：胡各各

收料单

2015 年 12 月 01 日　　　　编码 002

材料编号	材料名称	规格	材质	单位	数量		计划单价	计划总成本
					应收	实收		
R02	全棉红薄水洗布			米	5 500	5 500	25.80	141 900.00

会计联

主管：杨延阳　　质量检验员：王杨　　仓库验收：龚伟清　　经办人：胡各各

收料单

2015 年 12 月 01 日　　编码 003

材料编号	材料名称	规格	材质	单位	数量		计划单价	计划总成本
					应收	实收		
R03	全棉蓝厚水洗布			米	3 400	3 400	32.90	111 860.00

会计联

主管：杨延阳　　质量检验员：王杨　　仓库验收：龚伟清　　经办人：胡各各

收料单

2015 年 12 月 01 日　　编码 004

材料编号	材料名称	规格	材质	单位	数量		计划单价	计划总成本
					应收	实收		
R04	全棉红厚水洗布			米	3 600	3 600	32.90	118 440.00

会计联

主管：杨延阳　　质量检验员：王杨　　仓库验收：龚伟清　　经办人：胡各各

收料单

2015 年 12 月 07 日　　编码 005

材料编号	材料名称	规格	材质	单位	数量		计划单价	计划总成本
					应收	实收		
R05	反光条			米	260	260	40.00	10 400.00

会计联

主管：杨延阳　　质量检验员：王杨　　仓库验收：龚伟清　　经办人：胡各各

收料单

2015 年 11 月 30 日　　　　编码 023

材料编号	材料名称	规格	材质	单位	数量		计划单价	计划总成本
					应收	实收		
R03	全棉蓝厚水洗布			米	600	600	32.90	19 740.00

会计联

复印件与原件核对无误

主管：杨延阳　　质量检验员：王杨　　仓库验收：龚伟清　　经办人：胡各各

收料凭证汇总表

2015 年 12 月 31 日　　　　金额单位：元

材料名称	入库数量	计划单价	计划总成本
全棉蓝薄水洗布			
全棉红薄水洗布			
全棉蓝厚水洗布			
全棉红厚水洗布			
反光条			
合计	—	—	

审核：李成功　　　　制单：马晓娟

业务 17：31 日，计算并结转本月入库材料成本差异。（材料成本差异计算表）

入库材料成本差异计算表

2015 年 12 月 31 日　　　　金额单位：元

材料名称	入库数量	计划单价	计划总成本	实际总成本	材料成本差异
全棉蓝薄水洗布					
全棉红薄水洗布					
全棉蓝厚水洗布					
全棉红厚水洗布					
反光条					
合计	—	—			

审核：李成功　　　　制单：马晓娟

业务 18：31 日，编制发出材料汇总表，分配并结转本月发出材料计划成本。（领料单 9 张、发出材料汇总表、材料费用分配表）

领料单

领料部门：生产车间

用　途：男夏装　　　　2015 年 12 月 05 日　　　　第　001　号

材料			单位	数量		单价	计划总成本								
编号	名称	规格		请领	实发		百	十	万	千	百	十	元	角	分
R01	全棉蓝薄水洗布		米	4 500	4 500	25.8		1	1	6	1	0	0	0	0
合计							¥	1	1	6	1	0	0	0	0

会计联

领料人：林书敏　　领料部门负责人：段成刚　　发料人：赵志明　　仓库负责人：杨延阳

领料单

领料部门：生产车间

用　途：女夏装　　　　2015 年 12 月 05 日　　　　第　002　号

材料			单位	数量		单价	计划总成本								
编号	名称	规格		请领	实发		百	十	万	千	百	十	元	角	分
R02	全棉红薄水洗布		米	5 040	5 040	25.8		1	3	0	0	3	2	0	0
合计							¥	1	3	0	0	3	2	0	0

会计联

领料人：林书敏　　领料部门负责人：段成刚　　发料人：赵志明　　仓库负责人：杨延阳

领料单

领料部门：生产车间

用　途：男冬装　　　　2015 年 12 月 05 日　　　　第　003　号

材料			单位	数量		单价	计划总成本								
编号	名称	规格		请领	实发		百	十	万	千	百	十	元	角	分
R03	全棉蓝厚水洗布		米	3 150	3 150	32.9		1	0	3	6	3	5	0	0
合计							¥	1	0	3	6	3	5	0	0

会计联

领料人：林书敏　　领料部门负责人：段成刚　　发料人：赵志明　　仓库负责人：杨延阳

领料单

领料部门：生产车间

用　途：女冬装　　　　　　2015 年 12 月 05 日　　　　　　第　004　号

材料			单位	数量		单价	计划总成本								
编号	名称	规格		请领	实发		百	十	万	千	百	十	元	角	分
R04	全棉红厚水洗布		米	3 600	3 600	32.9		1	1	8	4	4	0	0	0
合计							¥	1	1	8	4	4	0	0	0

会计联

领料人：林书敏　　领料部门负责人：段成刚　　发料人：赵志明　　仓库负责人：杨延阳

领料单

领料部门：生产车间

用　途：服装　　　　　　2015 年 12 月 07 日　　　　　　第　005　号

材料			单位	数量		单价	计划总成本								
编号	名称	规格		请领	实发		百	十	万	千	百	十	元	角	分
R06	扣子		包	1 014	1 014	10			1	0	1	4	0	0	0
合计								¥	1	0	1	4	0	0	0

会计联

领料人：林书敏　　领料部门负责人：段成刚　　发料人：赵志明　　仓库负责人：杨延阳

领料单

领料部门：生产车间

用　途：服装　　　　　　2015 年 12 月 07 日　　　　　　第　006　号

材料			单位	数量		单价	计划总成本								
编号	名称	规格		请领	实发		百	十	万	千	百	十	元	角	分
R07	松紧带		卷	110	110	75				8	2	5	0	0	0
合计									¥	8	2	5	0	0	0

会计联

领料人：林书敏　　领料部门负责人：段成刚　　发料人：赵志明　　仓库负责人：杨延阳

领料单

领料部门：生产车间

用　途：服装　　　　　　2015 年 12 月 07 日　　　　　　第　007　号

材料			单位	数量		单价	计划总成本								
编号	名称	规格		请领	实发		百	十	万	千	百	十	元	角	分
R05	反光条		圈	564	654	40			2	2	5	6	0	0	0
合计								¥	2	2	5	6	0	0	0

会计联

领料人：林书敏　　领料部门负责人：段成刚　　发料人：赵志明　　仓库负责人：杨延阳

领料单

领料部门：生产车间

用　途：服装　　　　　　2015 年 12 月 10 日　　　　　　第　008　号

材料			单位	数量		单价	计划总成本								
编号	名称	规格		请领	实发		百	十	万	千	百	十	元	角	分
R08	线		塔	606	606	8				4	8	4	8	0	0
合计									¥	4	8	4	8	0	0

会计联

领料人：林书敏　　领料部门负责人：段成刚　　发料人：赵志明　　仓库负责人：杨延阳

领料单

领料部门：生产车间

用　途：服装　　　　　　2015 年 12 月 18 日　　　　　　第　009　号

材料			单位	数量		单价	计划总成本								
编号	名称	规格		请领	实发		百	十	万	千	百	十	元	角	分
R09	311 高级衣车油		瓶	6	6	105					6	3	0	0	0
合计										¥	6	3	0	0	0

会计联

领料人：林书敏　　领料部门负责人：段成刚　　发料人：赵志明　　仓库负责人：杨延阳

发出材料汇总表

2015 年 12 月 31 日

材料 / 用途			生产产品耗用										车间一般耗用	
			男夏装		女夏装		男冬装		女冬装		产品共同耗用			
品名	单位	计划单价	数量	金额	数量	金额	数量	金额	数量	金额	数量	金额	数量	金额
全棉蓝薄水洗布	米	25.8												
全棉红薄水洗布	米	25.8												
全棉蓝厚水洗布	米	32.9												
全棉红厚水洗布	米	32.9												
扣子	包	10.0												
松紧带	卷	75.0												
反光条	圈	40.0												
线	塔	8.0												
311 高级衣车油	瓶	105.0												
合计														

生产车间材料费用分配表

2015 年 12 月 31 日

产品名称	本期投入量	间接计入																间接计入	直接计入	材料费用合计
		扣子				松紧带				反光条				线						
		单位消耗定额	定额合计	分配率	分配额	单位消耗定额	定额合计	分配率	分配额	单位消耗定额	定额合计	分配率	分配额	单位消耗定额	定额合计	分配率	分配额			
男夏装	1500	0.18				1.0				5.2				0.11						
女夏装	1800	0.18				1.0				5.1				0.10						
男冬装	900	0.20				1.1				5.4				0.13						
女冬装	1200	0.20				1.0				5.3				0.12						
小计																				

业务 19：31 日，计算并结转本月发出材料成本差异（材料成本差异率计算表、发出材料成本差异计算表）

材料成本差异率计算表

2015 年 12 月 31 日　　　　金额单位：元

材料成本差异		原材料计划成本		材料成本差异率（%）
期初结存	本期增加	期初结存	本期增加	

审核：李成功　　　　制单：马晓娟

发出材料成本差异计算表

2015 年 12 月 31 日　　　　金额单位：元

车间名称	产品名称	计划成本	材料成本差异率	材料成本差异额
生产车间	男夏装			
	女夏装			
	男冬装			
	女冬装			
	小计			
制造费用				
合计				

审核：李成功　　　　制单：马晓娟

业务 20：31 日，结转本月发出周转材料成本。(包装物领用单)

包装物领用单

领用部门：生产车间

用　　途：包装产品　　　　2015 年 12 月 10 日　　　　计量单位：包

品　名	数　量		单位成本	总成本	备注
	请领	实发			
男夏装袋	20	15	5.00	75.00	
女夏装袋	18	18	5.00	90.00	
男冬装袋	11	9	6.00	54.00	
女冬装袋	15	12	6.00	72.00	
合　计				291.00	

领料人：林书敏　　领料部门负责人：段成刚　　发料人：赵志明　　仓库负责人：杨延阳

业务 21：31 日，分配并结转本月制造费用。(制造费用分配表)

制造费用分配表

2015 年 12 月 31 日　　　　　　金额单位：元

产品名称	分配标准（工时）	分配率	分配金额
男夏装	2 250		
女夏装	2 550		
男冬装	1 800		
女冬装	1 900		
合　计	8 500		

审核：李成功　　　　　　制单：马晓娟

注：分配率保留小数点后四位，分配金额保留小数点后两位，尾差计入女冬装。

业务 22：31 日，计算各工序在产品完工程度及月末在产品约当产量，计算并结转本月完工产品成本。(入库单 8 张、在产品约当产量计算表、完工产品与月末在产品成本分配表 4 张、产品成本汇总表)

各个成本项目的“单位成本”保留 4 位小数，“单位成本合计”保留 2 位小数，成本计算尾差计入完工产品成本。成本会计应在计算机系统内登记约当产量计算表、产品成本汇总表。

产成品入库单

交库单位：生产车间　　　　2015 年 12 月 12 日　　　　单号：111201

产品批号	产品名称	计量单位	交付数量	检验结果		实收数量
				合格	不合格	
CP01	男夏装	套	500	500	0	500

会计联

交库人：胡杨　　　　仓库保管员：林华

产成品入库单

交库单位：生产车间　　　　2015 年 12 月 12 日　　　　单号：111202

产品批号	产品名称	计量单位	交付数量	检验结果		实收数量
				合格	不合格	
CP02	女夏装	套	800	800	0	800

会计联

交库人：胡杨　　　　仓库保管员：林华

产成品入库单

交库单位：生产车间　　2015 年 12 月 12 日　　单号：111203

产品批号	产品名称	计量单位	交付数量	检验结果		实收数量
				合格	不合格	
CP03	男冬装	套	500	500	0	500

会计联

交库人：胡杨　　仓库保管员：林华

产成品入库单

交库单位：生产车间　　2015 年 12 月 12 日　　单号：111204

产品批号	产品名称	计量单位	交付数量	检验结果		实收数量
				合格	不合格	
CP04	女冬装	套	900	900	0	900

会计联

交库人：胡杨　　仓库保管员：林华

产成品入库单

交库单位：生产车间　　2015 年 12 月 25 日　　单号：111205

产品批号	产品名称	计量单位	交付数量	检验结果		实收数量
				合格	不合格	
CP05	男夏装	套	1 000	1 000	0	1 000

会计联

交库人：胡杨　　仓库保管员：林华

产成品入库单

交库单位：生产车间　　　　2015 年 12 月 25 日　　　　单号：111206

产品批号	产品名称	计量单位	交付数量	检验结果		实收数量
				合格	不合格	
CP06	女夏装	套	1 000	1 000	0	1 000

会计联

交库人：胡杨　　　　仓库保管员：林华

产成品入库单

交库单位：生产车间　　　　2015 年 12 月 25 日　　　　单号：111207

产品批号	产品名称	计量单位	交付数量	检验结果		实收数量
				合格	不合格	
CP07	男冬装	套	1 000	1 000	0	1 000

会计联

交库人：胡杨　　　　仓库保管员：林华

产成品入库单

交库单位：生产车间　　　　2015 年 12 月 25 日　　　　单号：111208

产品批号	产品名称	计量单位	交付数量	检验结果		实收数量
				合格	不合格	
CP08	女冬装	套	180	180	0	180

会计联

交库人：胡杨　　　　仓库保管员：林华

期末在产品约当产量计算表

产品名称：女冬装　　2015 年 12 月 31 日　　计量单位：套

工序	工序名称	定额工时（分钟）	完工程度	期末在产品数量	在产品约当产量
1	验布	4			
2	裁布	4		10	
3	缝纫	84		100	
4	锁眼钉扣	4		10	
5	检验包装	4			
合计		100		120	

审核：李成功　　制单：马晓娟

产品成本计算单

车间：生产车间

产品：男夏装　　2015 年 12 月 31 日　　完工产品：1 500

成本项目	月初在产品成本	本月发生费用	生产费用合计	期末在产品约当产量	完工产品产量	完工产品总成本	单位成本	期末在产品成本
直接材料								
直接人工								
制造费用								
合　计								

审核：李成功　　制单：马晓娟

产品成本计算单

车间：生产车间

产品：女夏装　　2015 年 12 月 31 日　　完工产品：1 800

成本项目	月初在产品成本	本月发生费用	生产费用合计	期末在产品约当产量	完工产品产量	完工产品总成本	单位成本	期末在产品成本
直接材料								
直接人工								
制造费用								
合　计								

审核：李成功　　制单：马晓娟

产品成本计算单

车间：生产车间

产品：男冬装　　2015 年 12 月 31 日　　完工产品：1 500

成本项目	月初在产品成本	本月发生费用	生产费用合计	期末在产品约当产量	完工产品产量	完工产品总成本	单位成本	期末在产品成本
直接材料	74 532.00							
直接人工	14 250.00							
制造费用	2 536.50							
合　计	91 318.50							

审核：李成功　　制单：马晓娟

产品成本计算单

车间：生产车间

产品：女冬装　　　　　　　　2015 年 12 月 31 日　　　　　　　　完工产品：1 080

成本项目	月初在产品成本	本月发生费用	生产费用合计	期末在产品约当产量	完工产品产量	完工产品总成本	单位成本	期末在产品成本
直接材料								
直接人工								
制造费用								
合　计								

审核：李成功　　　　　　　　　　　　　　　　　制单：马晓娟

产品成本汇总表

编制单位：太原艾丽制衣有限责任公司　2015 年 12 月 31 日　　　　金额单位：元

项目	男夏装	女夏装	男冬装	女冬装	合计
期初在产品成本					
本期生产费用					
生产费用合计					
期末完工产品成本					
期末在产品成本					

审核：李成功　　　　　　　　　　制单：马晓娟

业务 23：31 日，结转本月销售产品成本，单位成本保留两位小数，计算尾差计入销售产品成本。（出库单 3 张、销售产品成本计算表）

销售成本计算表

2015 年 12 月 31 日　　　　　　　　　金额单位：元

产品	期初结存数量	本期完工产量	本期销售数量	期末结存数量	期初结存成本	完工产品成本	单位成本（加权）	期末存货	销售成本
男夏装	456	1 500	1 800		72 244.08				
女夏装	386	1 800	1 700		58 502.16				
男冬装	209	1 500	1 300		39 808.23				
女冬装	700	1 080	1 700		126 392.00				
合计					296 946.47				

审核：李成功　　　　　　　　　　　　　　　制单：陈中华

出 库 单

出货单位：太原艾丽制衣有限责任公司　　2015 年 12 月 13 日　　单号：001
提货单位或领货部门：北京市海淀区劳保用品中心　　销售单号：001　　发出仓库：产品库

编号	名称及规格	单位	数量
FZ01	男夏装	套	800
FZ02	女夏装	套	600
FZ03	男冬装	套	600
FZ04	女冬装	套	800
合计			2 800

会计联

经办人：谢成　　销售部门负责人：张春林　　仓库管理员：冯静　　仓库负责人：杨延阳

出 库 单

出货单位：太原艾丽制衣有限责任公司　　2015 年 12 月 26 日　　单号：002
提货单位或领货部门：陕西劳保用品公司　　销售单号：002　　发出仓库：产品库

编号	名称及规格	单位	数量
FZ01	男夏装	套	1 000
FZ02	女夏装	套	800
FZ03	男冬装	套	700
FZ04	女冬装	套	900
合计			3 400

会计联

经办人：谢成　　销售部门负责人：张春林　　仓库管理员：冯静　　仓库负责人：杨延阳

出 库 单

出货单位：太原艾丽制衣有限责任公司　　2015 年 12 月 29 日　　单号：003
提货单位或领货部门：东盛实业有限公司　　销售单号：003　　发出仓库：产品库

编号	名称及规格	单位	数量
FZ02	女夏装	套	300
合计			300

会计联

经办人：谢成　　销售部门负责人：张春林　　仓库管理员：冯静　　仓库负责人：杨延阳

题号	摘要	总账科目	明细科目	借方金额	贷方金额
1	冲销暂估材料	应付账款	暂估材料款		
		原材料	全棉蓝厚水洗布		
2	商业汇票采购	材料采购	全棉蓝薄水洗布		
		材料采购	全棉红薄水洗布		
		材料采购	全棉蓝厚水洗布		
		材料采购	全棉红厚水洗布		
		应交税费	应交增值税（进项税额）		
		应付票据	北京宏伟		
		银行存款	工行晋源支行		
3	申请办理银行汇票	其他货币资金	银行汇票存款		
		财务费用			
		银行存款	工行晋源支行		
4	采购反光条	材料采购	反光条		
		应交税费	应交增值税（进项税额）		
		银行存款	工行晋源支行		
		其他货币资金	银行汇票存款		
5	销售产品 1	应收票据	北京市海淀区劳保用品中心		
		主营业务收入	男夏装		
		主营业务收入	女夏装		
		主营业务收入	男冬装		
		主营业务收入	女冬装		
		应交税费	应交增值税（销项税额）		
6	销售产品 2	应收账款	陕西劳保用品公司		
		主营业务收入	男夏装		
		主营业务收入	女夏装		
		主营业务收入	男冬装		
		主营业务收入	女冬装		
		应交税费	应交增值税（销项税额）		
		银行存款	工行晋源支行		
7	收到上月采购材料发票	材料采购	全棉蓝厚水洗布		
		应交税费	应交增值税（进项税额）		
		银行存款	工行晋源支行		
8	销售产品 3	银行存款	工行晋源支行		
		预收账款	东盛实业公司		
		主营业务收入	女夏装		
		应交税费	应交增值税（销项税额）		
9	收到前欠货款	银行存款	工行晋源支行		
		财务费用			
		应收账款	陕西劳保用品公司		
10	报销车间办公费	制造费用			
		库存现金			

续表

题号	摘要	总账科目	明细科目	借方金额	贷方金额
11	分配职工福利	生产成本	男夏装		
		生产成本	女夏装		
		生产成本	男冬装		
		生产成本	女冬装		
		制造费用			
		管理费用			
		应付职工薪酬	职工福利费		
12	分配职工薪酬	生产成本	男夏装		
		生产成本	女夏装		
		生产成本	男冬装		
		生产成本	女冬装		
		制造费用			
		管理费用			
		应付职工薪酬	工资		
		应付职工薪酬	社会保险费		
		应付职工薪酬	住房公积金		
		应付职工薪酬	工会经费		
		应付职工薪酬	职工教育经费		
		应付职工薪酬	非货币性福利		
13	计提折旧	管理费用			
		制造费用			
		累计折旧			
14	分配水费	制造费用			
		管理费用			
		应付账款	自来水公司		
15	分配电费	制造费用			
		管理费用			
		应付账款	太原供电分公司		
16	结转入库材料的计划成本	原材料	全棉蓝薄水洗布		
		原材料	全棉红薄水洗布		
		原材料	全棉蓝厚水洗布		
		原材料	全棉红厚水洗布		
		原材料	反光条		
		材料采购	全棉蓝薄水洗布		
		材料采购	全棉红薄水洗布		
		材料采购	全棉蓝厚水洗布		
		材料采购	全棉红厚水洗布		
		材料采购	反光条		

续表

题号	摘要	总账科目	明细科目	借方金额	贷方金额
17	结转入库材料的成本差异	材料成本差异			
		材料采购	全棉蓝薄水洗布		
		材料采购	全棉红薄水洗布		
		材料采购	全棉蓝厚水洗布		
		材料采购	全棉红厚水洗布		
		材料采购	反光条		
18	结转发出材料的计划成本	生产成本	男夏装		
		生产成本	女夏装		
		生产成本	男冬装		
		生产成本	女冬装		
		制造费用			
		原材料	全棉蓝薄水洗布		
		原材料	全棉红薄水洗布		
		原材料	全棉蓝厚水洗布		
		原材料	全棉红厚水洗布		
		原材料	扣子		
		原材料	松紧带		
		原材料	反光条		
		原材料	线		
		原材料	311 高级衣车油		
19	结转发出材料的成本差异	生产成本	男夏装		
		生产成本	女夏装		
		生产成本	男冬装		
		生产成本	女冬装		
		制造费用			
		材料成本差异			
20	结转发出周转材料成本	生产成本	男夏装		
		生产成本	女夏装		
		生产成本	男冬装		
		生产成本	女冬装		
		周转材料	包装物		
21	分配制造费用	生产成本	男夏装		
		生产成本	女夏装		
		生产成本	男冬装		
		生产成本	女冬装		
		制造费用			

续表

题号	摘要	总账科目	明细科目	借方金额	贷方金额
22	结转 完工产品成本	库存商品	男夏装		
		库存商品	女夏装		
		库存商品	男冬装		
		库存商品	女冬装		
		生产成本	男夏装		
		生产成本	女夏装		
		生产成本	男冬装		
		生产成本	女冬装		
23	结转 产品销售成本	主营业务成本	男夏装		
		主营业务成本	女夏装		
		主营业务成本	男冬装		
		主营业务成本	女冬装		
		库存商品	男夏装		
		库存商品	女夏装		
		库存商品	男冬装		
		库存商品	女冬装		

第二部分

分批法的运用

实训六 一般的分批法的运用

【题一】

1. 请根据教材 P140【例 11-1】长宏企业 2013 年 9 月份的核算资料登记成本账户；

2. 假设 903 批次丙产品在 10 月份继续加工的过程中，又发生了直接材料 2 000 元，直接人工 2 400 元，制造费用 400，共计 4 800 元，10 月份该批产品全部完工，交付购货单位。

请进行 10 月份 903 批次丙产品成本核算，在 9 月份 T 字账上继续进行 10 月份的登记，并进行该批产品简单成本分析。

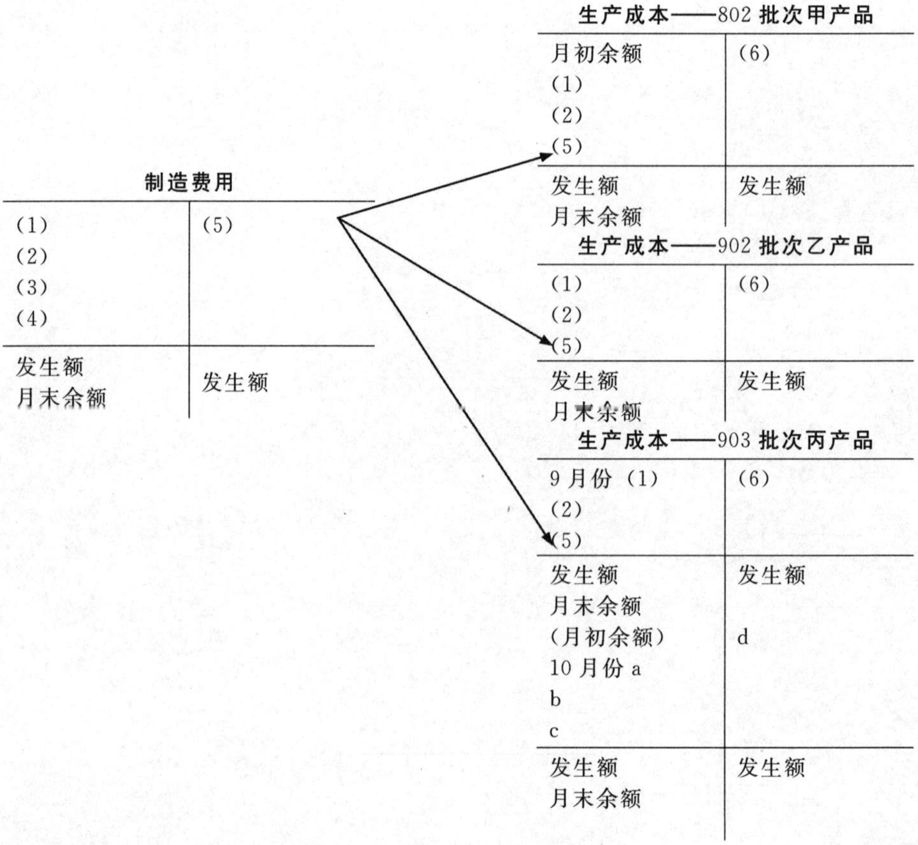

10 月份结转完工产品成本的会计分录为：

成本分析表（903 批次丙产品）

项目	直接材料	直接人工	制造费用	合计
实际单位成本（用两种方法列示计算过程和结果）				
计划单位成本				
差异				
该差异表示的经济含义				

【题二】

此题为教材 P151【业务题 1】的 2013 年 8 月份的资料。根据该厂 8 月份有关生产费用发生情况资料，进行 8 月份成本核算和分析。单位成本保留 2 位小数，总成本保留整数。

【具体要求一】填制原始凭证：

表 1　材料费用分配表

应借科目	材料费用
生产成本——801 批次甲产品	4 500
制造费用	1 000
管理费用	500
合计	6 000

表 2　职工薪酬分配表

应借科目	人工费用
生产成本——801 批次甲产品	3 750
生产成本——701 批次乙产品	720
制造费用	2 300
管理费用	1 250
合计	8 020

表 3　折旧费用分配表

应借科目	折旧费用
制造费用	1 200
管理费用	1 500
合计	2 700

表 4　办公费用分配表

应借科目	办公费用
制造费用	350
管理费用	2 500
合计	2 850

注：办公费用均以银行存款支付，其结算凭证从略。

表 5　制造费用分配表

产品批次	生产工时（小时）	分配率	分配金额
801 批次甲产品	8 000		
701 批次乙产品	2 000		
合计	10 000		

表 6　产品成本计算单

产品批号：801 批次　　产品名称：甲产品　　投产日期：3/8

定货单位：新华公司　　产品批量：50 件　　完工日期：28/8 完工 50 件　　单位：元

年		凭证字号	摘要	直接材料	直接人工	制造费用	合计
月	日						
			分配材料费用				
			分配职工薪酬				
			分配制造费用				
			生产费用合计				
			完工产品成本				

表 7　产品成本计算单

产品批号：701 批次　　产品名称：乙产品　　投产日期：10/7

定货单位：洪城公司　　产品批量：110 台　　完工日期：20/8 完工 100 件　　单位：元

年		凭证字号	摘要	直接材料	直接人工	制造费用	合计
月	日						
7	31		月末在产品成本				
			分配职工薪酬				
			分配制造费用				
			生产费用合计				
			完工产品成本				

【具体要求二】填制记账凭证（会计分录）：

题号	会计分录	附件
1. 分配材料费用	借：生产成本——801 批次甲产品 　　制造费用 　　管理费用 　贷：原材料	表 1
2. 分配职工薪酬	借：生产成本——801 批次甲产品 　　　　　　——701 批次乙产品 　　制造费用 　　管理费用 　贷：应付职工薪酬	表 2
3. 计提折旧	借：制造费用 　　管理费用 　贷：累计折旧	表 3

续表

题号	会计分录	附件
4. 支付办公费	借：制造费用 　　管理费用 　贷：银行存款	表 4
5. 分配制造费用	借：生产成本——801 批次甲产品 　　　　　　——701 批次乙产品 　贷：制造费用	表 5
6. 结转完工产品成本		表 6
7. 结转完工产品成本		表 7

【具体要求三】进行简单成本分析：

注意："?"处请在表中写明计算过程和结果，其他可只写结果。

成本分析表（甲产品）

项目	直接材料	直接人工	制造费用	合计
8 月份 实际单位成本	?	?	?	
7 月份 实际单位成本	?	?	?	
差异				
该差异 表示的经济含义				

成本分析表（701 批次乙产品）

项目	直接材料	直接人工	制造费用	合计
实际单位成本 （用两种方法 列示计算 过程和结果）	? ? ?	? ? ?	? ? ?	? ? ?
计划单位成本				
差异				
该差异 表示的经济含义				

第三部分

分步法的运用

实训七　两类三种分步法的运用

某厂设有三个基本生产车间，大量大批生产甲产品，生产工艺过程属于多步骤类型，半成品按生产步骤直接转移，三车间完工产品分别称为A半成品、B半成品和甲产品。原材料在生产开始时一次投入，各步骤在产品的完工程度均为50%，生产费用在完工产品和在产品之间的分配采用约当产量法。

表1　本月（2015年11月）生产费用记录　　单位：元

项　目	直接材料或半成品	直接人工	制造费用	合 计
第一车间：				
月初在产品成本	5 000	1 250	1 000	7 250
本月发生费用	55 000	26 250	21 000	102 250
第二车间：				
月初在产品成本	19 000	4 000	3 000	26 000
本月发生费用		40 000	30 000	70 000
第三车间：				
月初在产品成本	33 000	4 000	3 000	40 000
本月发生费用		42 000	31 500	73 500

（注：月初在产品成本指狭义在产品成本）

表2　本月（2015年11月）生产数量记录　　单位：件

车　间	月初在产品	本月投入或上步转入	本月完工转入下步或交库	月末在产品
第一车间	20	220	200	40
第二车间	40	200	200	40
第三车间	40	200	220	20

要求一：采用综合结转分步法计算核算产品成本，并用两种方法进行成本还原。

要求二：采用分项结转分步法计算核算产品成本，第二车间月初半成品成本 19 000 元包括从上步转入的直接材料 10 000 元，直接人工 5 000 元，制造费用 4 000 元；第三车间月初半成品成本 33 000 元包括从上步转入的直接材料 10 000 元，直接人工 13 000 元，制造费用 10 000 元。

第三车间产品成本计算单格式如下：

第二车间产品成本计算单

产品：B 半成品　　　　2015 年 11 月　　　　单位：元

摘　要	直接材料		直接人工		制造费用		合 计
	上步转来	本步发生	上步转来	本步发生	上步转来	本步发生	
月初在产品成本	10 000		5 000	4 000	4 000	3 000	26 000
本月本步发生费用				40 000		30 000	

要求三：采用平行结转分步法计算核算产品成本。产成品中包含的半成品数量均为 1 件。

各步骤广义月初在产品成本如下表：

项　目	直接材料	直接人工	制造费用	合　计
第一车间	25 000	11 250	9 000	45 250
第二车间	0	12 000	9 000	21 000
第三车间	0	4 000	3 000	7 000

要求四：分别进行逐步结转分步法和平行结转分步法的比较，综合结转分步法和分项结转分步法的比较。（本要求答案写在此页）

综合结转分步法

产品成本计算单（第一车间）　　　　主要单位：元

项　目	直接材料	直接人工	制造费用	合　计
月初在产品成本				
本月发生生产费用				
合计				
本月完工 A 半成品数量				
月末在产品约当产量				
合计				
完工 A 半成品单位成本				
完工 A 半产品总成本				
月末在产品成本				

摘要：结转第一车间本月完工的 200 件 A 半成品的总成本　　　元

分录 1：

产品成本计算单（第二车间）　　　　主要单位：元

项　目	自制半成品	直接人工	制造费用	合　计
月初在产品成本				
本月发生生产费用				
合计				
本月完工 B 半成品数量				
月末在产品约当产量				
合计				
完工 B 半成品单位成本				
完工 B 半产品总成本				
月末在产品成本				

摘要：

分录 2：

产品成本计算单（第三车间） 主要单位：元

项　目	自制半成品	直接人工	制造费用	合　计
月初在产品成本				
本月发生生产费用				
合计				
本月完工甲产品数量				
月末在产品约当产量				
合计				
完工甲产品单位成本				
完工甲产品总成本				
月末在产品成本				

摘要：

分录 3：

产品成本还原计算表（方法一） 产成品：　　件

行　次	项　目	B 半成品	A 半成品	直接材料	直接人工	制造费用	合　计
1	还原前 产成品成本						
2	B 半成品 成本构成						
3	第一次 成本还原						
4	A 半成品 成本构成						
5	第二次 成本还原						
6	还原后 产成品成本						
7	产成品 单位成本						

构成保留 4 位小数，还原结果保留整数。

产品成本还原计算表（方法二）　　　　产成品：　　件

行　次	项　目	还原分配率	B半成品	A半成品	直接材料	直接人工	制造费用	合　计
1	还原前产成品成本							
2	第二车间半成品成本							
3	第一次成本还原							
4	第一车间半成品成本							
5	第二次成本还原							
6	还原后产成品成本							
7	产成品单位成本							

还原后产品成本表（总成本）

项　目	直接材料	直接人工	制造费用	合　计
第一车间				
第二车间				
第三车间				
合计				

还原后产品成本表（单位成本）

项　目	直接材料	直接人工	制造费用	合　计
第一车间				
第二车间				
第三车间				
合计				

分项结转分步法

产品成本计算单（第一车间）　　主要单位：元

项　目	直接材料	直接人工	制造费用	合　计
月初在产品成本				
本月发生生产费用				
合计				
本月完工 A 半成品数量				
月末在产品约当产量				
合计				
完工 A 半成品单位成本				
完工 A 半产品总成本				
月末在产品成本				

摘要：

分录 1：

产品成本计算单（第二车间）　　主要单位：元

项　目	直接材料		直接人工		制造费用		合　计
	上步转来	本步发生	上步转来	本步发生	上步转来	本步发生	
月初在产品成本							
本月发生生产费用							
合计							
本月完工 B 半成品数量							
月末在产品约当产量							
合计							
完工 B 半成品单位成本							
完工 B 半产品总成本							
月末在产品成本							

摘要：

分录 2：

产品成本计算单（第三车间）　　主要单位：元

项　目	直接材料		直接人工		制造费用		合　计
	上步转来	本步发生	上步转来	本步发生	上步转来	本步发生	
月初在产品成本							
本月发生生产费用							
合计							
本月完工甲产品数量							
月末在产品约当产量							
合计							
完工甲产品单位成本							
完工甲产品总成本							
月末在产品成本							

摘要：

分录3：

平行结转分步法

产品成本计算单（第一车间）　　主要单位：元

项　目	直接材料	直接人工	制造费用	合　计
月初（广义）在产品成本				
本月发生生产费用				
合计				
本月完工产成品数量				
月末（广义）在产品约当产量				
合计				
分配率				
应计入产成品成本的份额				
月末（广义）在产品成本				

产品成本计算单（第二车间）　　　　主要单位：元

项　目	直接材料	直接人工	制造费用	合　计
月初（广义）在产品成本				
本月发生生产费用				
合计				
本月完工产成品数量				
月末（广义）在产品约当产量				
合计				
分配率				
应计入产成品成本的份额				
月末（广义）在产品成本				

产品成本计算单（第三车间）　　　　主要单位：元

项　目	直接材料	直接人工	制造费用	合　计
月初（广义）在产品成本				
本月发生生产费用				
合计				
本月完工产成品数量				
月末（广义）在产品约当产量				
合计				
分配率				
应计入产成品成本的份额				
月末（广义）在产品成本				

产品成本汇总计算表（总成本）

产品名称：甲产品　　　　2015 年 11 月　　　　单位：元

项　目	直接材料	直接人工	制造费用	合　计
第一车间				
第二车间				
第三车间				
合计				

产品成本汇总计算表（单位成本）

产品名称：甲产品　　　　2015 年 11 月　　　　单位：元

项　目	直接材料	直接人工	制造费用	合　计
第一车间				
第二车间				
第三车间				
合计				

摘要：

分录：

实训八　综合结转分步法的运用

某厂设有两个基本生产车间，顺序加工生产甲产品，完工半成品采取直接转移方式，各步骤在产品完工程度均为50%，原材料在第一车间生产开始时一次投入，各步骤生产费用在完工产品和在产品之间的分配方法采用约当产量法。2015 年 11 月份月初和该月发生的生产费用已根据有关资料计入下面两份成本计算单，另附该月产量资料。要求采用综合结转分步法计算结转成本。具体要求：填写两份成本计算单并附简单计算过程；编制会计分录；登记两个 T 字账。采用两种方法进行成本还原。分配率保留四位小数，分配的结果保留整数。（注意：计算既要有过程，又要有结果）

11 月份产量资料　　单位：件

项　目	月初在产品	本月投入	本月完工	月末库存
第一车间	56	94	(1) 50	100
第二车间	150	50	100 (2)→	100

产品成本计算单（第一车间）　　主要单位：元

项　目	直接材料	直接人工	制造费用	合　计
月初在产品成本	2 654	1 360	1 231	5 245
本月本步发生费用	3 346	1 980	1 429	6 755
生产费用合计	6 000	3 340	2 660	12 000
本月完工产品数量				—
月末在产品约当产量				—
两者总产量				—
完工半成品单位成本				
完工半产品总成本				(1)→
月末在产品成本				

直接材料项目的月末在产品约当产量＝100×100%＝100 件

直接人工项目的月末在产品约当产量＝

制造费用项目的月末在产品约当产量＝

分录（1）：

产品成本计算单（第二车间） 主要单位：元

项目	半成品	直接人工	制造费用	合计
月初在产品成本	15 000	1 368	1 620	17 988
本月上步转入费用	?	——	——	?
本月本步发生费用	?	1 572	2 670	4 242
生产费用合计	?	?	?	?
本月完工产品数量				—
月末在产品约当产量				—
两者总产量				—
产成品单位成本				
产成品总成本				
月末在产品成本				

半成品项目的月末在产品约当产量＝

直接人工项目的月末在产品约当产量＝

制造费用项目的月末在产品约当产量＝

分录（2）：

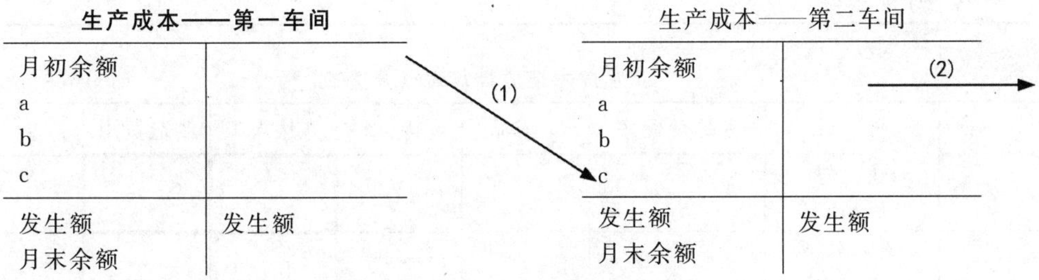

产品成本还原计算表（方法一） 产成品： 件

行 次	项 目	半成品	直接材料	直接人工	制造费用	合 计
1	还原前 产成品成本					
2	半成品 成本构成					
3	第一次 成本还原					
4	还原后 产成品成本					
5	产成品 单位成本					

构成保留 4 位小数，还原结果保留整数。

还原后产品成本表（总成本） 产成品： 件

项 目	直接材料	直接人工	制造费用	合 计
第一车间				
第二车间				
合 计				

还原后产品成本表（单位成本）

项 目	直接材料	直接人工	制造费用	合 计
第一车间				
第二车间				
合 计				

产品成本还原计算表（方法二） 产成品： 件

行 次	项 目	还原分配率	半成品	直接材料	直接人工	制造费用	合 计
1	还原前 产成品成本						
2	第一车间 半成品成本						
3	第一次 成本还原						
4	还原后 产成品成本						
5	产成品 单位成本						

还原分配率保留 4 位小数，还原结果保留整数。

还原后产品成本表（总成本）

项　目	直接材料	直接人工	制造费用	合　计
第一车间				
第二车间				
合　计				

还原后产品成本表（单位成本）

项　目	直接材料	直接人工	制造费用	合　计
第一车间				
第二车间				
合　计				

实训九　平行结转分步法的运用

资料：

1. 鑫华企业第一车间生产甲半成品，第二车间将甲半成品继续加工成乙半成品，第三车间将乙半成品装配成丙产品。后车间单位产成品（或半成品）耗用的前一车间半成品数量为一件。

2. 第一车间的原材料随甲半成品加工进度逐步投入，第二车间的原材料在乙半成品生产开始时一次投入。各车间月末在产品完工程度均为50%。完工产品与在产品之间的费用分配采用约当产量比例法。

3. 2015年12月各车间生产产量记录如下：

单位：件

项　目	第一车间	第二车间	第三车间
月初在产品	40	120	200
本月投入或上步转入	800	720	760
本月完工转出	720	760	800
月末在产品	120	80	160

4. 各车间月初在产品成本如下：

单位：元

项　目	直接材料	直接人工	制造费用	合　计
第一车间	4 410	760	690	5 860
第二车间	1 920	550	390	2 860
第三车间		100	160	260

5. 各车间本月发生生产费用如下：

单位：元

项　目	直接材料	直接人工	制造费用	合　计
第一车间	14 730	3 321	2 478	20 529
第二车间	6 400	1 550	1 110	9 060
第三车间		1 000	1 248	2 248

要求：运用平行结转分步法进行成本核算。

注意：? 处请列出过程和结果，其他只需列出结果。总成本保留整数，单位成本保留 2 位小数。

1. 计算第一车间应计入最终产成品成本中的份额

第一车间产品成本计算单

产品名称：丙产品　　　　2015 年 12 月　　　　完工量：　　件

摘　要	直接材料	直接人工	制造费用	合　计
月初（广义）在产品成本				
本月发生生产费用				
生产费用合计				
最终产成品数量				——
月末广义在产品约当量	?	?	?	——
生产量合计				——
单位产成品成本份额				
产成品成本份额				
月末（广义）在产品成本				

2. 计算第二车间应计入最终产成品成本中的份额

第二车间产品成本计算单

产品名称：丙产品　　　　2015 年 12 月　　　　完工量：　　件

摘　要	直接材料	直接人工	制造费用	合　计
月初（广义）在产品成本				
本月发生生产费用				
生产费用合计				
最终产成品数量				——
月末广义在产品约当量	?	?	?	——
生产量合计				——
单位产成品成本份额				
产成品成本份额				
月末（广义）在产品成本				

3. 计算第三车间应计入最终产成品成本中的份额

表 3　第三车间产品成本计算单

产品名称：丙产品　　　　2015 年 12 月　　　　完工量：　　件

摘　要	直接人工	制造费用	合　计
月初（广义）在产品成本			
本月发生生产费用			
生产费用合计			
最终产成品数量			——
月末广义在产品约当量	?	?	——
生产量合计			——
单位产成品成本份额			
产成品成本份额			
月末（广义）在产品成本			

4. 汇总计算产成品总成本和单位成本

产品成本汇总计算表

产品名称：丙产品　　　　2015 年 12 月　　　　产量：　　件

项　目	直接材料	直接人工	制造费用	合　计
第一车间				
第二车间				
第三车间				
总成本				
单位成本				

根据产品成本汇总计算表，编制结转完工入库丙产品成本的会计分录如下：

借：

贷：

第四部分

综合实训

实训十　品种法综合实训

一、实训注意事项

1. 填制会计凭证时，根据资料给定的工作人员名单在相应位置签章；

2. 实训结束后，注意用具摆放整齐，随时保持桌面及周围环境的整洁。

二、实训要求

（一）根据本期发生的经济业务填制审核会计凭证

1. 填写业务中空白的原始凭证（业务 5 的转账支票和业务 7 的增值税专用发票）；

2. 根据所给的原始凭证或原始凭证汇总表编制记账凭证。其中“应付职工薪酬”“原材料”“生产成本”“制造费用”要求填写明细科目（注：生产成本按产品名称开设明细，制造费用按费用项目设置明细），其他科目可以不写明细科目，记账凭证要素应填写齐全。

3. 期末结转损益类账户余额。

（二）登记制造费用总账和明细账（两种形式）。

（三）编制会计报表

1. 编制资产负债表（金额只填写期末余额）；

2. 编制利润表（金额只填写本期金额）。

（四）整理装订会计档案

1. 以制单员的身份整理装订会计凭证并填写凭证封面；

2. 未装订的单据与会计报表一起按顺序整理夹好，并和记账凭证一并装于档案袋中。

三、实训资料

（一）企业基本情况介绍

企业名称	湘潭大力五金厂
企业类型	制造业有限责任公司，注册资金100万元，增值税一般纳税人
产品类型	按扣和铆钉产品（均在一个基本生产车间组织生产）
法人代表兼厂长	沈培良
企业组织机构	设有办公室、财务、技术、销售等部门和一个基本生产车间
经营地址、电话	湖南湘潭市雨湖路385号　电话：0731—53689045
开户银行、账号	中国工商银行雨湖支行，帐号：1234838526742584115
税务登记号	430300228906345
适用税率	增值税税率17%，城建税税率7%，教育费附加率3%
会计岗位设置	财务主管（兼复核）：李兵　会计（制单、记账）：于平　出纳：丁笑
会计核算程序	记账凭证账务处理程序
存货核算方法	按实际成本计价，发出存货采用全月一次加权平均法计价。加权平均单价或单位成本如有小数，均保留两位，四舍五入。
产品成本计算方法	采用品种法，月末不计算在产品成本

（二）湘潭大力五金厂2015年12月31日账户余额表

总账科目	明细科目	计量单位	数量	单价	借方余额	贷方金额
库存现金					5 000.00	
银行存款					208 300.00	
原材料					41 650.00	
	铜皮	公斤	3253	6.50	21 150.00	
	锌皮	公斤	5000	4.10	20 500.00	
库存商品					224 700.00	
	按扣	箱	50	2 200.00	110 000.00	
	铆钉	箱	62	1 850.00	114 700.00	
固定资产					650 000.00	
累计折旧						80 000.00
应付职工薪酬						28 025.00
	工资					6 400.00
	住房公积金					21 625.00
其他应付款						21 625.00
	住房公积金					21 625.00
实收资本						1 000 000.00
合　计					1 129 650.00	1 129 650.00

（三）湘潭大力五金厂 2016 年 1 月份发生的主要经济业务

1

湖南康星连锁百货有限公司货物销售发票

发票联

发票号码：00043920

2016 年 1 月 7 日　客户：湘潭大力五金厂　　地址：湘潭市雨湖区 385 号

货号	品名	规格	单位	数量	单价	超过万元无效	金额 千	百	十	元	角	分
	公文包		只	1	540.00			5	4	0	0	0
合计金额（大写）零仟伍佰肆拾元零角零分							¥	5	4	0	0	0
结算方式	现金	开户银行		账号		备注：同意作管理费用报销。沈培良						

开票人：田双双　　收款人：叶玲　　验收人：付军　　销货单位章（未盖章无效）

②付款凭证

2

中国工商银行
现金支票存根
BB：20140113469
附加信息：

出票日期　2016 年 1 月 8 日

收款人：	湘潭大力五金厂
金　额：	1 000.00
用　途：	备用

单位主管　沈培良　会计　于平

3

住房公积金专用缴款书

2016 年 1 月 10 日　　　　№ 2010850478

缴款单位	代　码	2110642122797792	收款单位	单位名称	湘潭市住房公积金管理中心
	全　称	湘潭大力五金厂		开户银行	中国工商银行岳塘支行
	开户银行	中国工商银行雨湖支行		账　号	5006685487659920
	账　号	1234838526742584115		费　种	住房公积金

款项所属日期：2015 年 1—12 月　　款项缴款日期：2016 年 1 月 10 日

项　目	缴费基数	缴费比例	应缴费额	实缴费额
单位缴纳		10%	21 625.00	21 625.00
个人缴纳		10%	21 625.00	21 625.00
利　息				
滞 纳 金				
合　计				43 250.00
金额合计大写	肆万叁仟贰佰伍拾元整			

复核：刘运　　　　经办人：李涛

湘潭市住房公积金管理中心
结算专用章

4

借 款 单

2016 年 1 月 13 日

工作部门	销售	职务	业务员	姓 名	谭要	盖 章	谭要
借支金额	叁仟元整（￥3 000．00）						
借款原因	去株洲采购材料			附证件			
归还日期	出差归来归还						
核批	同意借支　沈培良						

现金付讫

会计：于平　　　　出纳：丁笑　　　　制单：谭要

5－1

湖南增值税专用发票

430101204521　　抵扣联　　№ 00017654

开票日期：2016年1月13日

购货单位	名　　称：湘潭大力五金厂 纳税人识别号：430300228906345 地 址、电 话：湖南湘潭市雨湖区385号 0731—53689045 开户行及帐号：中国工商银行雨湖支行1234838526742584115	密码区	2489－1<9－7－61596284 8<032/52>9/29533－4974 1626<8－3024>82906－2 －47－6<7>2*－/>*>6/
		加密版本：01	43010204521 00017654

货物或应税劳务名称	规格型号	单位	数量	单价	金额	税率	税额
铜皮		公斤	1000	6.20	6200.00	17%	1054.00
锌皮		公斤	600	4.10	2460.00		418.20
合　　计					￥8660.00		￥1472.20
价税合计（大写）	⊗壹万零壹佰叁拾贰元贰角整				（小写）￥10132.20.00		

销货单位	名　　称：株洲市金属材料公司 纳税人识别号：43018110263034 地 址、电 话：株州市白云路15号 0731-25578963 开户行及帐号：中国工商银行株洲白云支行9226860123452689247	备注	株洲市金属材料公司 430181 10263034 发票专用章

收款人：王勇　　复核：张立可　　开票人：李明　　销货单位：（章）

第二联：抵扣联　购货方抵扣凭证

5－2

湖南增值税专用发票

430101204521　　发票联　　№ 00017654

开票日期：2016年1月13日

购货单位	名　　称：湘潭大力五金厂 纳税人识别号：430300228906345 地 址、电 话：湖南湘潭市雨湖区385号 0731—53689045 开户行及帐号：中国工商银行雨湖支行1234838526742584115	密码区	2489－1<9－7－61596284 8<032/52>9/29533－4974 1626<8－3024>82906－2 －47－6<7>2*－/>*>6/
		加密版本：01	43010204521 00017654

货物或应税劳务名称	规格型号	单位	数量	单价	金额	税率	税额
铜皮		公斤	1000	6.20	6200.00	17%	1054.00
锌皮		公斤	600	4.10	2460.00		418.20
合　　计					8660.00		1472.20
价税合计（大写）	⊗壹万零壹佰叁拾贰元贰角整				（小写）￥10132.20.00		

销货单位	名　　称：株洲市金属材料公司 纳税人识别号：43018110263034 地 址、电 话：株州市白云路15号 0731-25578963 开户行及帐号：中国工商银行株洲白云支行9226860123452689247	备注	株洲市金属材料公司 430181 10263034 发票专用章

收款人：王勇　　复核：张立可　　开票人：李明　　销货单位：（章）

第一联：发票联　购货方记账凭证

5－3

中国工商银行
转账支票存根（湘）
DH02251606
附加信息

出票日期 年 月 日
收款人：
金 额：
用 途：
单位主管 会计

中国工商银行 转账支票（湘） DH 02251606

本支票付款期限十天

出票日期（大写） 年 月 日 付款行名称：
收款人： 出票人账号：

人民币
（大写）

百	十	万	千	百	十	元	角	分

用途
上列款项请从
我账户内支付
出票人签章 复核 沈培良印 记账 丁芙印

湘潭大力五金厂 财务专用章

5－4

收 料 单

仓库名称：101

供货单位：株洲金属材料公司　　2016 年 1 月 13 日　　第 201001001 号

材料编码	材料名称	送验数量	实收数量	单位	实际单价	金额							
						十	万	千	百	十	元	角	分
	铜皮	1 000	1 000	公斤	6.20			6	2	0	0	0	0
	锌皮	600	600	公斤	4. 10			2	4	6	0	0	0
合 计								8	6	6	0	0	

第二联：交会计部门

会计：于平　　复核：李丽　　验收：江云　　保管：张军

6－1

领　料　单

领料部门：基本生产车间

领料用途：车间一般耗用　　　　2016 年 1 月 15 日　　　　第 001 号

材料编码	材料名称	单位	请领数量	实领数量	实际单价	金额							
						十	万	千	百	十	元	角	分
	铜皮	公斤	1 000	1 000									
附件：　1　张				合　计									

第二联：交会计部门

仓库主管：张军　　　　记账：于平　　　　发料：张军　　　　领料：王海

6－2

领　料　单

领料部门：基本生产车间

领料用途：生产按扣　　　　2016 年 1 月 15 日　　　　第 002 号

材料编码	材料名称	单位	请领数量	实领数量	实际单价	金额							
						十	万	千	百	十	元	角	分
	铜皮	公斤	1 200	1 100									
	锌皮	公斤	2 000	2 000									
附件：　1　张				合　计									

第二联：交会计部门

仓库主管；张军　　　　记账：于平　　　　发料：张军　　　　领料：王海

6 - 3

领　料　单

领料部门：基本生产车间

领料用途：生产铆钉　　　　2016 年 1 月 15 日　　　　第 003 号

材料编码	材料名称	单位	请领数量	实领数量	实际单价	金额							
						十	万	千	百	十	元	角	分
	铜皮	公斤	1 000	1 000									
	锌皮	公斤	2 200	2 100									
附件：　1　张				合　计									

仓库主管：张军　　　　记账：于平　　　　发料：张军　　　　领料：王海

第二联：交会计部门

7 - 1

湘潭大力五金厂产品销售单

2016 年 1 月 20 日　　　　№：201001001

购货单位	名称	衡阳五金专卖店		纳税登记号	430913219860561
	地址、电话	衡阳蒸湘区 115 号 0734－5436778		开户银行账　号	中国工商银行蒸湘支行 556243102586455584
货物或劳务名称	规格型号	计量单位	数量	单　价（不含税）	金　额
按扣		箱	35	3000	105 000
铆钉		箱	40	2200	88 000
合　计					193000
销售人员	王宁		销售主管	李光耀	

⑤财务部门

7-2

发 货 单

购货单位：衡阳五金专卖店　　2016年1月20日　　编号：20414389

产品编号	产品名称	规格	单位	数量		单价	金额							
				请发	实发		十	万	千	百	十	元	角	分
	按扣		箱	35	35									
	铆钉		箱	40	40									
合计														

第二联会计部门记账

审批：李光耀　　发货人：张军　　提货人：李春　　记账：

7-3

湖南增值税专用发票

全国统一发票监制章 湖南 国家税务总局监制

430006547856　　此联不作抵扣、发票用　　No0009850466

开票日期　　年　月　日

购货单位	名　称： 纳税人识别号： 地址、电话： 开户行及账号：	密码区	2489—1<9—7—61596284 8<032/52>9/29533—4974 1626<8—3024>82906—2 —47—6<7>2*—/>*>6	加密版本 01 43006547856 0009850466

货物或应税劳务名称	计量单位	数量	单价	金额	税率	税额
合计						
价税合计（大写）	（小写）					

销货单位	名　称： 纳税人识别号： 地址　电话： 开户行及账号：	备注	

第一联：记账联　销货单位记账凭证

收款人　　复核：　　开票人：　　销货单位（章）

7－4

中国工商银行委托收款凭证回单　1

第 0880657 号

委托日期　2016 年 1 月 18 日

<table>
<tr><td rowspan="3">付款人</td><td>全　称</td><td>衡阳五金专卖店</td><td rowspan="3">收款人</td><td>全　称</td><td colspan="9">湘潭大力五金厂</td></tr>
<tr><td>账　号</td><td>556243102586455584</td><td>账　号</td><td colspan="9">1234838526742584115</td></tr>
<tr><td>开户银行</td><td>中国工商银行蒸湘支行</td><td>开户银行</td><td colspan="9">中国工商银行雨湖支行</td></tr>
<tr><td rowspan="2">托收金额</td><td colspan="4" rowspan="2">人民币（大写）贰拾贰万伍仟捌佰壹拾元整</td><td>百</td><td>十</td><td>万</td><td>千</td><td>百</td><td>十</td><td>元</td><td>角</td><td>分</td></tr>
<tr><td>¥</td><td>2</td><td>2</td><td>5</td><td>8</td><td>1</td><td>0</td><td>0</td><td>0</td></tr>
<tr><td colspan="2">附件</td><td>商品发运情况</td><td colspan="2">合同名称号码</td><td colspan="9" rowspan="3">中国工商银行
雨湖支行
2016.01.18
转讫
（01）
收款人开户行（银行盖章）</td></tr>
<tr><td colspan="2">附 寄单证张数或册数</td><td>已发运</td><td colspan="2"></td></tr>
<tr><td colspan="3">备注：</td><td colspan="2">款项收妥日期
年　月　日</td></tr>
</table>

此联是开户银行办妥托收手续后给客户的回单

单位主管：沈培良　　会计：于平　　复核：李兵　　记账：于平

8

职工薪酬分配及职工福利费计提表

2016 年 1 月 31 日

部　门	人员类别	工　资	职工福利（14%）	合　计
基本生产车间	生产工人	17 700. 00	2 478. 00	20 178. 00
	按扣生产工人	8 200. 00	1 148. 00	9 348. 00
	铆钉生产工人	9 500. 00	1 330. 00	10 830. 00
	管理人员	6 400. 00	896. 00	7 296. 00
	小计	24 100. 00	3 374. 00	27 474. 00
企业管理部门	行政管理人员	14 800. 00	2 072. 00	16 872. 00
销售部门	销售人员	10 250. 00	1 435. 00	11 685. 00
合　计		49 150. 00	6 881. 00	56 031. 00

制单：于平　　复核：李兵

9－1

工资发放汇总表

2016 年 1 月 28 日

部　门	基本工资	岗位工资	各种补贴	应付工资	代　扣养老金	代　扣公积金	实付工资
基本生产车间	16 090	6 710	1 300	24 100	2 410	2 892	18 798
其中：按扣生产工人工资	5 480	2 430	290	8 200	820	984	6 396
铆钉生产工人工资	5 790	2 860	850	9 500	950	1 140	7 410
车间管理人员工资	4 820	1 420	160	6 400	640	768	4 992
厂部管理人员	9 860	4 218	722	14 800	1 480	1 776	11 544
销售部门	4 320	2 680	3 250	10 250	1 025	1 230	7 995
合　计	30270	13 608	5 272	49 150	4 915	5 898	38 337

制单：于平　　复核：李兵　　审批：沈培良

9－2

中国工商银行
转账支票存根
DH　02251607

附加信息

出票日期　2016 年 1 月 28 日

收款人：	本企业
金　额：	38 337. 00
用　途：	发放工资

单位主管：沈培良　会计：于平

10

固定资产折旧计算表

2016 年 1 月 31 日

使用单位和固定资产类别	上月计提折旧额	上月增加的固定资产应计提的折旧额	上月减少的固定资产应计提的折旧额	本月应计提的折旧额
车间厂房	3 000			
车间机器设备	2 300	500		
小计	5 300	500		
企业管理部门房屋	4 200			
销售部门	600		200	
合计	10 100	500	200	

会计主管：李兵　　记账：于平　　制单：于平

11－1

湖南增值税专用发票

全国统一发票监制章 湖南 国家税务总局监制

抵 扣 联

43000452021　　　　№ 000156418

开票日期：2016 年 1 月 31 日

购货单位	名　　称：湘潭大力五金厂 纳税人识别号：430300228906345 地 址、电 话：湖南湘潭市雨湖区 385 号 0731—53689045 开户行及帐号：中国工商银行雨湖支行 1234838526742584115			密码区	2489－1<9－7－61596284 8<032/52>9/29533－4974 1626<8－3024>82906－2 －47－6<7>2*－/>*>6/		加密版本：01 43000452021 000156418
货物或应税劳务名称	规格型号	单位	数量	单价	金额	税率	税额
自来水		吨	2000	1	2000.00	13%	260.00
合　计					￥2000.00		￥260.00
价税合计（大写）	⊗贰仟贰佰陆拾元整				（小写）￥2260.00		
销货单位	名　　称：湘潭市自来水公司 纳税人识别号：430018110246733 地 址、电 话：湘潭市白石路 15　0731-52557896 开户行及帐号：中国工商银行沙子岭支行 9226860123556932861			备注			

收款人：吴家荣　　复核：陆良　　开票人：刘学军　　销货单位（章）

湘潭市自来水公司 4300181 10246733 发票专用章

国税函[2002]559号　海南华森实业公司

第二联：抵扣联　购货方抵扣

11－2

湖南增值税专用发票

全国统一发票监制章 湖南 国家税务总局监制

发 票 联

43000452021　　　　№ 000156418

开票日期：2016 年 1 月 31 日

购货单位	名　　称：湘潭大力五金厂 纳税人识别号：430300228906345 地 址、电 话：湖南湘潭市雨湖区 385 号 0731—53689045 开户行及帐号：中国工商银行雨湖支行 1234838526742584115			密码区	2489－1<9－7－61596284 8<032/52>9/29533－4974 1626<8－3024>82906－2 －47－6<7>2*－/>*>6/		加密版本：01 43000452021 000156418
货物或应税劳务名称	规格型号	单位	数量	单价	金额	税率	税额
自来水		吨	2000	1	2000.00	13%	260.00
合　计					￥2000.00		￥260.00
价税合计（大写）	⊗贰仟贰佰陆拾元整				（小写）￥2260.00		
销货单位	名　　称：湘潭市自来水公司 纳税人识别号：430018110246733 地 址、电 话：湘潭市白石路 15　0731-52557896 开户行及帐号：中国工商银行沙子岭支行 9226860123556932861			备注			

收款人：吴家荣　　复核：陆良　　开票人：刘学军　　销货单位（章）

湘潭市自来水公司 4300181 10246733 发票专用章

国税函[2002]559号　海南华森实业公司

第三联：发票联　购货方记账

11-3

水费分配表

2016年1月31日

部门	用水量（吨）	分配金额	备注
基本生产车间	1 500	1 500	
企业管理部门	400	400	
销售部门	100	100	
合计	2 000	2 000	

会计主管：李兵　　会计：于平　　制单：万亮

11-4

中国工商银行
转账支票存根
DH　02251608
附加信息

出票日期　2016年1月31日

收款人：	湘潭市自来水公司
金　额：	2 260.00
用　途：	支付水费

单位主管：沈培良　会计：于平

12

发料凭证汇总表

2016年1月31日　　金额单位：元

项目	铜皮			锌皮		
	数量	单价	金额	数量	单价	金额
基本生产车间一般耗用						
按扣生产领用						
铆钉生产领用						
行政管理部门领用						
合计						

复核：李兵　　制单：于平

13

制造费用分配表（一车间）

2016年1月31日

产品	分配标准（机器工时）	分配率	分配额
按扣	4 000		
铆钉	6 000		
合计	10 000		

制单：于平　　　　复核：李兵

14-1

完工产品成本计算单

2016年1月31日　　　　单位：元

成本项目	按 扣（完工15箱）		铆 钉（完工20箱）	
	总成本	单位成本	总成本	单位成本
直接材料				
直接人工				
制造费用				
合计				

会计主管：李兵　　会计：于平　　复核：王林　　制单：于平

14-2

产品入库单

交货单位：基本生产车间　　2016年1月31日　　第001号

产品名称	单位	数量	单位成本	成本总额							
				十	万	千	百	十	元	角	分
按扣	箱	15									
铆钉	箱	20									
金额（大写）人民币											

送检员：邓小兵　　检验员：罗霄　　记账员：于平　　保管员：张军

15

产品销售成本计算表

2016 年 1 月 31 日　　　　单位：元

产品名称	数量（箱）	单位成本	总成本
按扣			
铆钉			
合计			

会计：于平　　　　复核：王林　　　　制单：于平

16　31 日，结转本月损益类账户余额

序号	摘要	会计分录	附件张数
1			
2			
3			
4			
5			
6			
7			
8			

续表

序号	摘要	会计分录	附件张数
9			
10			
11			
12			
13			
14			
15			
16			

总 分 类 帐

总 第　　　　页
分 第　　　　页
会计科目　制造费用

年		凭证		摘　要	借 方	贷 方	借或贷	余 额
月	日	字	号					

制造费用 明细账

年		凭证		摘　要	（借）方金额分析						
月	日	字	号		合 计	物料消耗	工资福利费	折旧费	水电费		

制造费用 明细账

年		凭证		摘　要	（借）方金额分析						
月	日	字	号		合 计	物料消耗	工资福利费	折旧费	水电费	月末结转	

注：有专门的一行进行月结

资产负债表

会企 01 表

编制单位　　　　　　　　　　年　月　日　　　　　　　　　单位：元

资　产	期末余额	年初余额	负债和所有者权益（或股东权益）	期末余额	年初余额
流动资产：		略	流动负债：		略
货币资金			短期借款		
交易性金融资产			交易性金融负债		
应收票据			应付票据		
应收账款			应付账款		
预付款项			预收款项		
应收利息			应付职工薪酬		
应收股利			应交税费		
其他应收款			应付利息		
存货			应付股利		
一年内到期的非流动资产			其他应付款		
其他流动资产			一年内到期的非流动负债		
流动资产合计			其他流动负债		
非流动资产：			流动负债合计		
可供出售金融资产			非流动负债：		
持有至到期投资			长期借款		
长期应收款			应付债券		
长期股权投资			长期应付款		
投资性房地产			专项应付款		
固定资产			预计负债		
在建工程			递延所得税负债		
工程物资			其他非流动负债		
固定资产清理			非流动负债合计		
生产性生物资产			负债合计		
油气资产			所有者权益（或股东权益）：		
无形资产			实收资本（或股本）		
开发支出			资本公积		
商誉			减：库存股		
长期待摊费用			盈余公积		
递延所得税资产			未分配利润		
其他非流动资产			所有者权益（或股东权益）合计		
非流动资产合计					
资产总计			负债及所有者权益（或股东权益）总计		

利 润 表

会企 02 表

编制单位：　　　　　　　　年　月　　　　　　单位：元

项　目	本期金额	上期金额
一、营业收入		略
减：营业成本		
营业税金及附加		
销售费用		
管理费用		
财务费用		
资产减值损失		
加：公允价值变动收益（损失以“—”填列）		
投资收益（损失以“—”号填列）		
其中：对联营企业和合营企业的投资收益		
二、营业利润（亏损以“—”号填列）		
加：营业外收入		
减：营业外支出		
其中：非流动资产处置损失		
三、利润总额（亏损总额以“—”号填列）		
减：所得税费用		
四、净利润（净亏损以“—”号填列）		
五、每股收益		
（一）基本每股收益		
（二）稀释每股收益		

实训十一 综合结转分步法综合实训

一、实训目的和要求

熟练运用逐步结转分步法之综合结转分步法核算产品成本。通过设置账簿（账户）、填制原始凭证、填制记账凭证（编制分录）、登记成本类账簿（归集费用）来达到先计算每一步骤半成品成本和最后步骤产成品的总成本和单位成本的目的。生产成本二级明细账按产品各步骤设置，成本项目设置为“直接材料”、“直接人工”、“制造费用”。每月月末计算完工产品成本和在产品成本，结转已完工并验收入库产品成本。

二、实训资料

（一）企业基本情况

小天使公司有三个基本生产车间和一个辅助生产车间，生产一种儿童用自行车。产品由三个基本车间的连续加工形成产成品，第一车间负责将管材等原材料加工为架叉配件，第二车间负责将架叉配件进行烤漆，第三车间负责将架叉及外购的其他配件组装成整车，半成品均通过半成品库收发。产品成本的计算采用综合结转分步法，各车间生产费用的分配均采用约当产量法。第一车间的原材料在生产开始时一次性投入；第二车间的自制半成品在生产开始时一次性投入，原材料陆续投入且与加工程度一致；第三车间的自制半成品在生产开始时一次性投入，外购件陆续投入且与加工程度一致。各车间月末在产品的完工程度均为50%。各自制半成品的发出均采用全月一次加权平均法。机修车间为基本生产车间和管理部门提供机修劳务，其费用均通过“辅助生产成本”账户核算，不设置“制造费用”账户，费用按提供的劳务量直接对外分配。

（二）本月资料

1. 该企业2016年10月1日有关账户余额见表1。

表1 基本生产成本月初余额表

项目 车间	自制半成品	直接材料（或外购件）	直接人工	燃料及动力	制造费用	合计
第一车间		1 579.60	388.80	34.40	324.00	2 276.80
第二车间	8 987.80	2 128.00	907.80	256.00	1 480.50	13 760.10
第三车间	4 767.48	1 710.00	246.19	27.56	335.16	7 086.39

“辅助生产成本”、“制造费用”账户月初余额为零。第一半成品库的月初半成品总成本为3 817.10元，第二半成品库的月初半成品总成本为7 074.48元。

2.2016 年 10 月产量统计表。

表 2 产量统计表

项目	月初 在产品数量	本月投入量 （或收入）	本月完工量 （或发出）	月末 在产品数量
第一车间	102	2 518	2 380	240
第一半成品库	130	2 380	2 450	60
第二车间	312	2 450	2 678	84
第二半成品库	124	2 678	2 750	52
第三车间	84	2 750	2 780	54

3.2016 年 10 月发生的与产品成本有关的经济业务见表 3 至表 8。

表 3 材料费用分配汇总表

2016 年 10 月

车间、部门		主要材料	辅助材料	其他材料	外购件	合计
基本生产车间生产产品	第一车间	34 659.49	4 318.51			38 978.00
	第二车间		34 891.20			34 891.20
	第三车间				82 500.00	82 500.00
基本生产车间组织管理	第一车间			2 398.21		2 398.21
	第二车间			5 235.51		5 235.51
	第三车间			4 517.70		4 517.70
辅助生产车间				726.30		726.30
行政管理部门				695.23		695.23
在建工程				996.30		996.30
合　计		34 659.49	39 209.71	14569.25	82 500.00	170 938.45

表 4　工资及福利费分配汇总表

2016 年 10 月

车间、部门		工资	福利费	合计
基本生产车间生产工人	第一车间	11 830.00	1 656.20	13 486.20
	第二车间	13 090.00	1 832.60	14 922.60
	第三车间	14 311.50	2 003.20	16 315.11
基本生产车间管理人员	第一车间	4 326.00	605.64	4 931.64
	第二车间	6 123.50	857.29	6 980.79
	第三车间	5 980.00	837.20	6 817.20
辅助生产车间		2 315.00	324.10	2 639.10
行政管理部门		5 689.00	796.46	6 485.46
销售部门		2 693.00	377.02	3 070.02
在建工程		1 963.50	274.89	2 238.39
合　计		68 321.50	9 565.01	77 886.51

注：福利费按工资的 14%提取。

表 5　折旧费用分配汇总表

2016 年 10 月

车间、部门		9 月 固定资产折旧额	9 月增加 固定资产折旧额	9 月减少 固定资产折旧额	本月 固定资产折旧额
基本生产车间	第一车间	2 250			
	第二车间	5 460			
	第三车间	5 056			
辅助生产车间		753			
行政管理部门		1 869			
在建工程		456			
合　计		15 844			

注：9 月，第一车间购进一台车床，原值 30 000 元，月折旧率 4‰；第二车间报废两台车床，原值共 50 000 元，月折旧率 4‰。

表 6　外购水电费用分配表

2016 年 10 月

车间、部门		水费	电费	金额
基本生产车间生产产品	第一车间	1 271.60	1 744.00	3 015.60
	第二车间	1 547.00	1 869.00	3 416.00
	第三车间	1 203.00	1 801.00	3 004.00
基本生产车间组织管理	第一车间	601.00	758.40	1 359.40
	第二车间	702.95	649.00	1 351.95
	第三车间	401.00	454.31	855.31
辅助生产车间		698.00	706.00	1 404.00
行政管理部门		290.00	390.00	680.00
销售部门		298.00	354.00	652.00
在建工程		269.00	275.00	544.00
合　计		7 281.55	9 000.71	16 282.26

表 7　其他费用表

2016 年 10 月

车间、部门		办公费	差旅费	其他费	合计
基本生产车间	第一车间	1 228.40	886.00	193.00	2 307.40
	第二车间	1 491.00	966.00	286.00	2 743.00
	第三车间	1 422.00	790.00	429.00	2 641.00
辅助生产车间		597.60		195.40	793.00
行政管理部门		3 564.60	2 501.30	502.00	6 567.90
销售部门		1 102.00		115.00	1 217.00
在建工程		587.00		102.00	689.00
合　计		9 992.60	5 143.30	1 822.40	16 958.30

注：其他费用均以银行存款支付，其结算凭证略。

表 8 辅助生产车间提供的劳务量

2016 年 10 月

车间、部门		数量
基本生产车间	第一车间	3 399
	第二车间	3 689
	第三车间	1 628
行政管理部门		432
销售部门		235
在建工程		333
合　计		9 716

【实训步骤】

采用综合结转分步法核算产品成本（不需要进行成本还原），具体包括填制原始凭证和原始凭证汇总表、填制记账凭证（编制分录）、登记有关明细账。

1. 根据材料费用分配汇总表（表 3），填制记账凭证，登记有关明细账。

[分录 1]

2. 根据工资及福利费分配表（表 4），填制记账凭证，登记有关明细账。

[分录 2]

3. 根据折旧费用分配表（表 5），填制记账凭证，登记有关明细账。

[分录 3]

4. 根据外购水电费用分配表（表 6），填制记账凭证，登记有关明细账。

[分录 4]

5. 根据其他费用表（表 7），填制记账凭证，登记有关明细账。
[分录 5]

6. 根据辅助生产费用分配表（表 8），填制记账凭证，登记有关明细账。
[分录 6]

7. 结转第一车间制造费用，填制记账凭证，登记有关明细账。
[分录 7]

8. 结转第一车间完工半成品成本，填制记账凭证，登记有关明细账。
[分录 8]

9. 结转第一半成品库转入第二车间成本，填制记账凭证，登记有关明细账。
[分录 9]

10. 结转第二车间制造费用，填制记账凭证，登记有关明细账。
[分录 10]

11. 结转第二车间完工半成品成本，填制记账凭证，登记有关明细账。
[分录 11]

12. 结转第二半成品库转入第二车间成本，填制记账凭证，登记有关明细账。
[分录 12]

13. 结转第三车间制造费用，填制记账凭证，登记有关明细账。
[分录 13]

14. 结转第三车间完工产成品成本，填制记账凭证，登记有关明细账。
[分录 14]

表 9　辅助生产成本明细账

车间：　　　　　　　　　　　　　　　　　　　　　　　　　　　单位：元

年		凭证字号	摘要	小计						
月	日									

表 10　辅助生产费用分配表

2016 年 10 月

车间、部门		数量	单价	金额
基本生产车间	第一车间			
	第二车间			
	第三车间			
行政管理部门				
销售部门				
在建工程				
合　计				

表 11　制造费用明细账

车间名：第一车间　　　　单位：元

年		凭证字号	摘要	小计										
月	日													

表 12　基本生产成本明细账

车间：第一车间　　完工产品数量：

产品：　　月末在产品数量：

年		凭证		摘要	成本项目				
					直接材料	直接人工	水电费	制造费用	合计
				月初在产品成本					
				材料费用分配汇总表					
				工资及福利费分配表					
				外购水电费用分配表					
				制造费用分配表					
				生产费用合计数					
				完工半成品数量					
				约当总产量					
				半成品单位成本					
				转出完工半成品总成本					
				月末在产品成本					

表 13　自制半成品明细账

车间：第一半成品库

产品：

月份	月初余额		本月增加		合计			本月减少	
	数量	总成本	数量	总成本	数量	总成本	单位成本	数量	总成本

表 14　制造费用明细账

车间名：第二车间　　　　　　　　　　　　　　　　　　　　　　单位：元

年		凭证字号	摘要	小计										
月	日													

表 15　基本生产成本明细账

车间：第二车间　　　　　　　　　　　　　　　　完工产品数量：

产品：　　　　　　　　　　　　　　　　　　　　月末在产品数量：

年		凭证		摘要	成本项目					
					自制半成品	直接材料	直接人工	水电费	制造费用	合计
				月初在产品成本						
				上步骤转入半成品成本						
				材料费用分配汇总表						
				工资及福利费分配表						
				外购水电费用分配表						
				制造费用分配表						
				生产费用合计数						
				完工半成品数量						
				约当总产量						
				半成品单位成本						
				转出完工半成品总成本						
				月末在产品成本						

表 16　自制半成品明细账

车间：第二半成品库

产品：

月份	月初余额		本月增加		合计			本月减少	
	数量	总成本	数量	总成本	数量	总成本	单位成本	数量	总成本

表 17　制造费用明细账

车间名：第三车间　　　　单位：元

年		凭证字号	摘要	小计										
月	日													

表 18　基本生产成本明细账

车间：第三车间　　　　完工产品数量：

产品：　　　　月末在产品数量：

年		凭证		摘要	成本项目					
					自制半成品	直接材料	直接人工	水电费	制造费用	合计
				月初在产品成本						
				上步骤转入半成品成本						
				材料费用分配汇总表						
				工资及福利费分配表						
				外购水电费用分配表						
				制造费用分配表						
				生产费用合计数						
				完工半成品数量						
				约当总产量						
				半成品单位成本						
				转出完工半成品总成本						
				月末在产品成本						

实训十二　平行结转分步法综合实训

一、实训目的和要求

通过平行结转分步法的运用，体验并掌握其成本计算程序，并进行逐步结转分步法和平行结转分步法的比较。

二、实训资料

（一）企业基本情况

盛隆工厂是一个小型工业企业，设有三个基本生产车间和一个辅助生产车间。型铸锻造车间造型、熔炼浇铸成 888 铁铸件，由加工车间加工成 888 零部件，再由装配车间装配成 888 设备。后车间耗用的前一车间的半成品均为 1 件。各车间生产费用的分配均采用约当产量法。机修车间为基本生产和管理部门提供机修劳务，其费用均通过“辅助生产成本”账户核算，不设置“制造费用”账户，费用按提供的劳务量直接对外分配。本企业产品成本的计算采用平行结转分步法。

（二）本月资料

1. 该企业 2016 年 10 月 1 日有关账户月初余额。

表 1　基本生产成本月初余额表

成本项目 / 车间	直接材料	直接人工	制造费用	合计
第一车间	3913	1765.1	1800.5	7478.6
第二车间	1390	3199	874.5.	5463.5
第三车间	1952	3122.5	2052	7126.5

2. 2016 年 10 月产量统计表。

表 2　产量统计表

项目	月初在产品数量	本月投入量（收入）	本月完工量（或发出）	月末在产品数量
型铸锻造车间	20	1000	920	100
加工车间	30	920	700	250
装配车间	100	700	650	150

另外，在型铸锻造车间，当产品刚开始加工时投入 60％的原材料，加工到 50％时再

投入剩下材料。月末在产品中，加工到40%的在产品有60件，加工到70%的在产品有40件，生产完的569铸件直接转入加工车间继续加工。在加工车间，当产品刚开始加工时投入80%的原材料，加工到60%时再投入剩下材料，月末在产品中都已加工到50%，生产完的569零部件直接转入后车间继续加工。在装配车间，所需原材料在生产开始时投入，月末在产品中加工程度均为50%。

3. 2016年10月发生的与产品成本有关的经济业务见表3至表8所示。

表3　材料费用分配汇总表

2016年10月

车间、部门		主要材料	其他材料	合计
基本生产车间生产产品	型铸锻造车间	196 000	54 000	250 000
	加工车间	51 000	29 000	80 000
	装配车间	11 600	3 400	15 000
基本生产车间组织管理	型铸锻造车间		51 170	51 170
	加工车间		15 250	15 250
	装配车间		16 505	16 505
机修车间			26 440	26 440
行政管理部门			1 256	1 256
合　计		258 600	197 021	455 621

表4　工资及福利费分配汇总表

2016年10月

车间、部门		工资	福利费	合计
基本生产车间生产工人	型铸锻造车间	100 000	14 000	114 000
	加工车间	50 000	7 000	57 000
	装配车间	80 000	11 200	91 200
基本生产车间管理人员	型铸锻造车间	50 000	7 000	57 000
	加工车间	21 800	3 052	24 852
	装配车间	27 000	3 780	30 780
辅助生产车间		44 000	6 160	50 160
行政管理部门		98 726	13 821.64	112 547.64
合　计		471 526	66 013.64	537 539.64

注：福利费按工资的14%提取。

表5 折旧费用分配汇总表

2016年10月

车间、部门		9月 固定资产折旧额	9月增加 固定资产折旧额	9月减少 固定资产折旧额	本月 固定资产折旧额
基本生产车间	型铸锻造车间	6 110	350	490	5 970
	加工车间	3 250	250		3 500
	装配车间	3 120	280	200	3 200
机修车间		3 000	120		3 120
行政管理部门		3 623	466		4 089
合　计		19 103	1 466	690	19 879

表6 外购水电费用分配表

2016年10月

车间、部门		水费	电费	金额
基本生产车间	型铸锻造车间	987	873	1 860
	加工车间	765	473	1 238
	装配车间	733	484	1 217
机修车间		456	344	800
行政管理部门		698	597	1 295
合　计		3 639	2 771	6 410

表7 其他费用表

2016年10月

车间、部门		办公费	差旅费	其他费	合计
基本生产车间	型铸锻造车间	1 146.00	1 269.00	189.00	2 604.00
	加工车间	682.00	958.00	181.00	1 821.00
	装配车间	675.00	963.00	171.25	1 809.25
机修车间		654.00	850.00	300.50	1 804.50
行政管理部门		1 353.00	1 320.00	396.00	3 069.00
合　计		4 510.00	5 360.00	1 237.75	11 107.75

注：其他费用均以银行存款支付，其结算凭证略。

表 8　辅助生产车间提供的劳务量

2016 年 10 月

车间、部门		数量
基本生产车间	型铸锻造车间	962
	加工车间	450
	装配车间	463
行政管理部门		444
合　计		2 319

【实训步骤】

采用平行结转分步法核算产品成本，具体包括填制原始凭证和原始凭证汇总表、填制记账凭证（编制分录）、登记有关明细账。

1. 根据材料费用分配汇总表（表 3），填制记账凭证，登记有关明细账。

[分录 1]

2. 根据工资及福利费分配表（表 4），填制记账凭证，登记有关明细账。

[分录 2]

3. 根据折旧费用分配表（表 5），填制记账凭证，登记有关明细账。

[分录 3]

4. 根据外购水电费用分配表（表 6），填制记账凭证，登记有关明细账。

[分录 4]

5. 根据其他费用表（表 7），填制记账凭证，登记有关明细账。

[分录 5]

6. 根据辅助生产费用分配表（表 8），填制记账凭证，登记有关明细账。

[分录 6]

7. 结转型铸造车间制造费用，填制记账凭证，登记有关明细账。

[分录 7]

8. 结转加工车间制造费用，填制记账凭证，登记有关明细账。

[分录 8]

9. 结转装配车间制造费用，填制记账凭证，登记有关明细账。

[分录 9]

10. 编制产品成本汇总计算表，结转完工入库产成品成本，填制记账凭证，登记有关明细账。

[分录 10]

表 9　辅助生产成本明细账

车间：　　　　　　　　　　　　　　　　　　　　　　　　　　　　单位：元

年 月	年 日	凭证字号	摘要	小计						

表 10　辅助生产费用分配表

2016 年 10 月

<table>
<tr><th colspan="2">车间、部门</th><th>数量</th><th>单价</th><th>金额</th></tr>
<tr><td rowspan="3">基本生产车间</td><td>型铸锻造车间</td><td></td><td rowspan="5"></td><td></td></tr>
<tr><td>加工车间</td><td></td><td></td></tr>
<tr><td>装配车间</td><td></td><td></td></tr>
<tr><td colspan="2">行政管理部门</td><td></td><td></td></tr>
<tr><td colspan="2">合　计</td><td></td><td></td></tr>
</table>

表 11　制造费用明细账

车间名：型铸锻造车间　　　　　　　　　　　　　　　　　　　　单位：元

年 月	年 日	凭证字号	摘要	小计										

表 12　制造费用明细账

车间名：加工车间　　　　　　　　　　　　　　　　　　　　　　　　单位：元

年		凭证字号	摘要	小计										
月	日													

表 13　制造费用明细账

车间名：装配车间　　　　　　　　　　　　　　　　　　　　　　　　单位：元

年		凭证字号	摘要	小计										
月	日													

表 14　型铸锻造车间产品成本计算单

产品名称：888 设备　　　　完工数量：650 件

摘要	成本项目			
	直接材料	直接人工	制造费用	合计
月初（广义）在产品成本				
本月发生生产费用				
生产费用合计				
最终产成品数量				
月末广义在产品约当量				
生产量合计				
单位产成品成本份额				
650 件产成品成本份额				
月末（广义）在产品成本				

表 15　加工车间产品成本计算单

产品名称：888 设备　　　　完工数量：650 件

摘要	成本项目			
	直接材料	直接人工	制造费用	合计
月初（广义）在产品成本				
本月发生生产费用				
生产费用合计				
最终产成品数量				
月末广义在产品约当量				
生产量合计				
单位产成品成本份额				
650 件产成品成本份额				
月末（广义）在产品成本				

表 16　装配车间产品成本计算单

产品名称：888 设备　　　　　　　　　　　　　　　　完工数量：650 件

摘要	成本项目			
	直接材料	直接人工	制造费用	合计
月初（广义）在产品成本				
本月发生生产费用				
生产费用合计				
最终产成品数量				
月末广义在产品约当量				
生产量合计				
单位产成品成本份额				
650 件产成品成本份额				
月末（广义）在产品成本				

表 17　产品成本汇总计算表

产品名称：888 设备　　　　2016 年 10 月　　　　完工数量：650 件

项目	直接材料	直接人工	制造费用	合计
型铸锻造车间				
加工车间				
装配车间				
总成本				
单位成本				

参考文献

[1] 彭彤丽，曾志平. 成本核算与管理 [M]. 长沙：湖南大学出版社，2014.

[2] 刘洪宇，王庆国，张流柱，佘浩等. 湖南省高等职业院校学生专业技能抽查标准与题库丛书——会计 [M]. 长沙：湖南大学出版社，2011.

[3] 彭彤丽，杨令芝. 成本会计实训教程 [M]. 长沙：湖南大学出版社，2010.

[4] 高丽华. 成本会计 [M]. 北京：中国铁道出版社，2012.

[5] 胡中艾，蒋小芸. 成本核算 [M]. 北京：高等教育出版社，2011.

[6] 顾全根. 成本会计实务 [M]. 北京：清华大学出版社，2012.

[7] 湖南铁道职业技术学院. 国家示范性高职院校建设项目成果系列 [M]. 北京：高等教育出版社，2006.